あなたは本当の霊界を知らない

202X年・地上に天国は実現する!!

桜華　澄・著

はじめに

21世紀に入っても世界は平和どころか、さらに混乱しています。そうした中で、2020年1月25日、地上天国が完成されるという夢を見ました。

「地上の問題は霊界が分かれば解ける問題だ」霊界はそう言っています。

地上の様々な苦難、苦痛、争いごとや不幸などすべて解決する為に、天は「5年前から義人を送った。世界中に5万人の義人はいる」と言われました。

その5万人の義人は年齢、性別も違い、職業も様々で、社長から、博士、地域のお世話人まで色々です。義人に選ばれた人は自分が義人とは気がつかず、ただひたすら天からのインスピレーションを感じて自分のやれることを必死に取り組んでいる人です。霊界から一言「世界はあなたを必要としています」という内容だけです。他から見るとまるで「そこまでやるの」と思われるような人達です。

その5万人の義人達によって天上の天国と同じように平和な世界が地上に実現されようとしています。

今、天上の天国は国境がなく、国境のあったところは球技場となっています。一つの高速道路で世界中が結ばれていて、地球のあらゆる国がつながっています。

地球は5つの大陸単位で動いています。国連に代わる新しい議会によってお世話人と呼ばれる人たち(議員、宗教者、博士など)で運営されています。地上天国を実現するために政治、経済、教育、安全保障、環境問題など、全く新しいシステムを立ち上げています。

天上天国は既に出来上がっているので、このまま下におろしていけば地上天国実現です。

桜華　澄

もくじ

第3章　霊界の説明書

序　章　私の履歴書

・教会での不思議な体験

私は東京の下町で生まれました。昭和の高度成長の時代です。私の周りには小さな町工場が多くあり、ガラス細工、機械の部品の製造、何に使うのか全く分からない材料の製造など、多種多様でした。私が通っていた小学校の近くには文具店や駄菓子屋、もんじゃ焼きの店があり、子供たちの隠れ家のような存在でした。手押し車のおでん屋や焼き芋屋さん、紙芝居のおじさんなど、外からやってくる人もいました。

昼間の路地は人で満ち溢れていて、ちょっと歩けば子供にぶつかるほどでした。その頃の子供たちはどんなことをして遊んでいたかというと、道路にロウセキでいたずら書き、空き地で缶けり、ドッヂボール、広い場所で遊べないときは、ベーゴマやけん玉、ゴムとび、マリ突き、雨の日はメンコ、おはじきなどでした。

小学校3年のときにクリスチャンである叔父が私を教会に連れて行ってくれたときのことでした。教会の建物の中に入るとステンドグラスの様々な色彩の光が差し込んで、とても心が落ちつき、ほっとするようでした。しかし、十字架にかけられているイエス様の姿は怖くて見ることができませんでした。私が十字架に近づいたときに、手足が痛くなる感じがして「いたい、いたい」と叫んだそうです。それでも教会全体の雰囲気は暖かなベールに包まれたような感じで、私は優しい気持ちになりました。

・霊が見え始めた

私がはっきり霊を見ることができるようになったのは、祖母が亡くなった小学校４年のときからです。ちょうど亡くなった時間に祖母は私のところにやってきて、にっこり笑っていたのでした。そのときのことは今でもはっきり覚えています。それ以来霊が見えるようになり、道端や他の人の家の中、そのほか人の集まるところで一カ所に意識を向けると、霊が見えるようになりました。それらが美しいものであればよいのですが大概は黒っぽい玉のようなものだったり、醜い形だったりしたものですから、霊が見えてしまうことが苦痛になりました。

寝るときには金縛りにあい、私の体の上に霊がのしかかってくることもありました。聞き覚えのない声が耳の近くに響いてきたり、この世で感じられるものとは明らかに異なる臭いがしたりしました。

中学になると授業の休み時間には本を読む子、おしゃべりをして過ごす子、仲間同士で騒ぐ子などがほとんどでした。会話の内容は将来やりたい職業のこと、芸能人やテレビ番組に関すること、異性に関することなどでした。

そんな中、私はクラスメートとの会話の中に加わることが苦手でした。みんなは私の興味のないことばかり話していたからです。でもそれ以上に、私はほかの人と大きく違っているところがありました。

普通は見えない「霊」が私には見えていたのです。だから、教室の端の方で空ばかり見て、ボーッとしている時間が多かったのです。

幽霊や妖怪の話をする人は私が子供の頃にもいましたが、それはあくまでフィクションの世界の出来事だということが前提でした。幽霊の話をしていた人に聞いてみると、実際に見たことがあるという人はいませんでした。

私の通っていた学校にもいわゆる「七不思議」という言い伝えがありましたが、それらも実際は作り話でした。私だけ霊が見えていたので、心が休まらず内気になりがちで、小学校、中学校のときは本ばかり読んで過ごしていました。

・母と祖母は霊感が鋭かった

私が霊を見ることができるようになったのは、おそらく家系的なこともあったと思います。祖母や母も霊感が鋭かったと言っていました。祖母の話を紹介します。

母が16歳のときに、お金持ちのお医者さんから、広島に養女にこないかという話が出ました。そのときに祖母は悪い予感がして、その話を断ったとのことでした。もし、母が広島に行っていたのなら１９４５年に母は命を落としていたかもしれないし、仮にそうでなくても少なくとも無事ではすまなかったでしょう。

母自身も霊感が働いたという経験を持っています。１９４５年3月のある日、学校に行く時間になって突然体の具合が悪くなり休みました。その日に学校に爆弾が投下され、建物は全焼してしまい、多数の死傷者が出ました。母も祖母と同様に霊感が鋭く、霊の世界に敏感だったようです。

・中学で自殺未遂

霊が見える状態が頻繁に続くものですから、クラスメートとは普通に話をすることができず、「変な子、気持ち悪い子、うそつき」と言われ、いじめにも遭いました。

それでも学校だけは休まずに行っていました。「学校の勉強は将来役立つよ」と母から言われていたからです。精神的に不安定だったので、心を落ち着かせるために神社やお寺にお参りに行ったりもしましたし、勉強にも精いっぱい取り組みました。しかし、神社仏閣参りや勉強に精を出すことで、霊からわが身を守って精神的な安定を得ることはできませんでした。

中学1年のとき、あまりにも霊が押し寄せてくるようになり、寝ると金縛りに遭うし、恐ろしい夢を見たりもしました。疲れ果ててしまった私は自殺を考え、剃刀を用意して手首に当てて切ろうとしたのでした。しかし、そのとき心の中に「待て！」と呼びかける声を聞きました。その直後に、買い物から母が帰ってきたのです。母は私の様子がおかしいことに気づいたようで「大丈夫！」と叫んだので、私は手首を切らずにすみました。

このとき、心の中に聞こえてきた「待て！」の声はどこからきたものなのか、私はそのことを知りたいと思い続けていました。

・心が安定した学生時代

高校時代も霊が追いかけてくることがあって、心が荒んで疲れてしまいました。そんな私の姿を見て、母は「琴をやったらいいよ」と言ってくれました。琴の演奏を始めると霊が近づかなくなりました。そして金縛りや恐ろしい夢からも解放され、やっと眠れるようになりました。

短大に進学した後も「待て！」の声は一体何だったのかずっと気になっていましたが、このころになってやっと普通に話ができる友人を持つことができました。しかし、そんな友人にも私が霊を見ることができるなどという話はしませんでした。話したところで分かってもらえるはずがないと思ったからです。

ようやく厄介な霊に対処する方法も身について、短大を卒業して病院に就職するころには普通の生活ができるようになっていました。

職場では私の良い面を見てくれる友人もできました。しばらくしてお金もたまったころ、「ハワイ旅行に行こうよ」と友達に誘われました。その旅行のときに私は驚くべき体験をしたのです。

第1章　夢で見た天国

■忘れられない夢

・イエス・キリストの夢

ハワイ旅行の最中の驚くべき体験とは、1978年7月4日に、今でも忘れない夢を見たことです。

その夢の中で砂漠のオアシスに近い場所に、頭をすっぽりと覆うフードのついたコートを着た、体格のがっしりした男の人が現れました。顔立ちはアジア系で、目鼻がはっきりしていました。肌は浅黒く、目がぎらぎら光っているように感じられました。

「どなたですか」と私が問いかけると「イエス・キリストである」と答えられ、その直後、突然私のお腹を拳で打ってきました。あまりにも痛かったので私は「グゴー」という声を発してかがみこんでしまいました。心の中では「これは夢なのだ」と思いながらも、イエス・キリストはなぜ私のお腹を殴ってきたのか見当がつかず、その理由を知りたいと思いました。すぐにイエス様を追いかけようとしたのですが、激しい痛みのため体が動きません。そのあいだにイエス様はオアシスの中に身を隠してしまいました。

・神様は泣いている

この衝撃的な夢を見てから3年後、1981年9月、私に対していろいろ良くしてくれた友人の渡辺さんが「教会や神社に行っているのだったら、いろいろな話をしてくれる聖書研究会にこない？」と誘ってくれました。あとで述べますが、中学のときに心の中で聞いた「待て！」のことと、３年前のイエス様の夢が心に残っていたので、それらの意味を知りたいという思いから、聖書研究会に行くことにしました。

「とりあえず聖書を買いましょう」ということになり、渡辺さんが聖書を売っている店に私を連れて行ってくれました。

そのお店の中で私は不思議な体験をしました。店の本棚の中に一冊光を放っている本を見つけたのです。私がその本に近づいて手をかざすと、「待て！」という声がしました。以前私が聞いたあの声と同じです。その直後、私の心の中に「ワーワー」と泣く声が響いてきました。私はとっさに『神様が泣いていらっしゃるんだ』と感じました。

このような出来事があって以来、私は『夢日記』をつけることにしました。啓示的な夢が、私の疑問に対して、何らかの回答を与えてくれるのではないかと思ったからです。

■夢で見た天国の待合室

・啓示的な夢

私は夢日記を始めた１９８１年から20年くらいは、ごく一般の人が見るような普通の夢を見ることが多かったのです。具体的には、お金をもらったり宝石や金を見つけたり、宝くじに当たったりというような幸運な出来事に関するものでした。そんな中である日、啓示的とも思われる夢を見ました。

それは天地に存在する悪魔と戦って勝利した勇者が登場するといったものです。勇者は男性で年齢は40代くらい。眼がきれいで無口な感じの人でした。

その人は私のところにやってきて「元気でやっているか」と声をかけてきました。勇者にかけられた言葉は私にとって励みになりました。


2001年3月4日。天国の待合室の風景がはっきりとした形で現れました。

その夢の世界の中では地上と変わらない風景が広がっていました。天国の待合室というと、部屋のようなものや、限定された空間を想像されるかもしれませんが、そうではありません。少なくとも地球全体かそれ以上の大きさなのです。その世界の形は、地上の世界地図と同じです。

青い空があり山、川、海のいずれも見渡せる町に私はいました。例えると、日本の鎌倉のような雰囲気のところでした。電車もバスも通っていて商店街もありました。街は活気に満ちていて商店からは喜びの声が聞こえ、道を歩く人からは笑い声が聞こえていました。町にいるすべての人たちがとても楽しげに感じられました。道路は石畳で作られていて各商店には花が飾ってあり、道路のわきには街路樹が並んでいます。

この日は夏の昼間のようでした。うちわを持って商店街の長いすに座り、くつろぐ二人連れの男女の姿がありました。男の人は、以前に何度か啓示的夢に出てきた勇者でした。この時初めて見た女の人もまた、勇者のように品格がある女性でした。二人とも同じ浴衣を着ていました。二人の周りには同じ浴衣を着た人達が集まっていました。私は長そでＴシャツに上着とズボンの姿でした。私もみんなと同じ浴衣を着てみたいなと思いました。

・天国の待合室には国境がない

ここには国境や争いはありません。国という単位に分かれた地域は存在しますが、通行するのにビザやパスポートは不要です。

国（地域）の境や交通の要所は高速道路によってつながっていて、道路網は世界中に広がっています。地域の境界地帯にはあらゆる競技会場、スポーツ施設、音楽会場、美術館、博物館、遊園地、など地上世界で見ることができるあらゆる娯楽施設がそろっています。公園や宿泊施設も充実していて、一日中滞在しても飽きることがありません。

世界中の子供たちは思い思いの勉強やスポーツに精を出し、それぞれの得意分野でその能力に磨きをかけています。もちろん霊界ですから空を飛び回ることもできます。言語が異なる人同士の会話はテレパシーによって行われます。でも天国とは異なり『願えば魔法のようにすべてが現れる』というわけではありません。

・天国は楽しい

天国の待合室の特徴は、生活のすべてが、地上世界と密着しているという点です。地上で良心的に生きてこの世界に来た人は、ほとんどの人が、違和感なく過ごせるところです。人々の間には、人種、国、宗教、言語、社会的地位、財産などによる差別、区別はありません。また飢餓や貧困は存在しません。自然は豊かで四季があります。経済活動や流通は円滑に行われていて、食料や物資は必要な分だけ生産されています。以前国境だったところには畑があり、そこではロボットが働いていて、農業生産を行っています。ここでの人々の仕事はロボットの管理のみです。

日本の各地にある道の駅のような場所が点在し、畑で生産した食物などが販売されています。地上で盗みをしたり、他人を欺いたりした人はこの世界にはいません。人の目を気にしながら生活する人もいません。そもそも霊界ではどんなに隠し事をしようとしてもすべてが明らかになります。

皆さんの中にはこの様子を想像して『天国はつまらない毎日で、退屈な世界じゃないかな』と思われる方もいらっしゃるでしょう。でも、そうではありません。人々は天国に行くために日々の努力を続けていて、することはたくさんあるのです。

・普通の夢と啓示の夢の違い

これまで39年間、夢日記をつけてきましたが、夢の全てが啓示的なことや霊界の様子に関することばかりではありません。ごく普通の夢の方がむしろ多いです。たとえば歯が抜けた、靴をなくした、服が見つからない、夏なのに雪が降った、お金持ちになった、知らないところで道に迷った等、いくつでも今まで見た夢の内容を書くことができます。いやな夢もたくさん見ましたが、せっかくですからよく覚えている素敵な夢を一つだけ紹介します。

知らない土地に行ったら、畑に金の延べ棒がダイコンのように植えてあって、もし抜いて持って帰ったら大金持ちになれるだろうという夢でした。なかなかいい夢でしょう!!　でもこんな夢を見たからといって実際にお金持ちになったわけでもなく、大金を手にしたわけでもありませんが…。

このように、普通の夢は地上でよく日常的に起きる出来事を中心とする内容のものが多いのです。先に述べている例の他にも、乗る電車を間違えてしまった、自分の家になかなか帰れない、雨がたくさん降ってすぐにはやまない、山登りをして気分が良かった、など、過去に似たような体験をしたことがあることに関するものがほとんどです。

それに対して、啓示の夢は霊界の様相を見るものです。現実の地上生活では直接見ることがない情景が出現します。あるいは時間の数字が示されたりするのが啓示の夢の特徴です。何日後、何カ月後、何年後とか、ある事項の成就までに要する期間など、数字として示されるという点が、普通の夢と明らかに異なります。

啓示の夢を見た後に、実際にその夢で示された象徴的な出来事が地上世界で起きるということもあります。

■天国の研究者たち

・学園都市の夢

2010年8月7日。この日に見た夢について紹介します。

夢には学園都市が出てきました。そのなかの学校の一つに行ってみました。建物はガラス張りで大きな部屋がいくつもあり、5階くらいの建物でした。学校の中から四方が見渡せて、朝日夕日が美しく、遠くの山々など、どこからも見渡すことができました。

学校にはあらゆる分野の専門家がいてどんな事でも学べます。とくにここで重点を置いて教えられていた事柄は天国の原則についてでした。

天国は一人の男性と一人の女性が夫婦となり、家庭を築いて永遠に暮らすところだと言います。ですから、地上で独身だった人は、この世界で相手を見つけて天国に入っていきます。ここで相手が見つかってカップルになった人たちは4億8千万人です。ここは地上で生きた年齢は全く関係ない世界ですから、学生は若者や子供が多いというわけでもなく、すべての年齢層の人が学んでいます。学びの場でもその人の心の世界が全て現れますから、学ぶべきことをしっかり学び終えた人が学校を終えることができます。授業に出ずにノートを借りて試験を受けたり、カンニングをして試験をパスしたりする不正などできないのは当然のことです。

・霊界で研究開発されて地上に伝わる

では地上では何の罪もないのに、事故や災害などで不慮の死をとげた人、生まれたときから不治の病を持ち若くして亡くなった人、赤ちゃんのときや幼少期に亡くなった人はいったいどのようになるのでしょうか。

そういった人たちも学園都市で勉強します。子供や赤ちゃんはこの学園にいる保育士の役割をしている天使によって育てられます。天使はその他の学園都市のあらゆる運営に携わっています。役割によって仕事の内容が異なり、数多くの天使がそれぞれ、あるあらゆる職業に就いて働いています。

人々もそれぞれ地上で携わった仕事に関連するもの、あるいは興味や関心があったことなど自身の選択した職に就くことができます。霊界人は地上人のためにその人の持っている技術、能力をいかんなく発揮して霊界で生み出したものを地上人に伝えています。

霊界は時空を超えて、一瞬のうちに思うところに行ける世界なので、乗り物は必要ありません。しかし、地上人のために、自動車、飛行機、船などの乗り物の開発はしています。地上の人たちの生活が便利になり、幸福になってほしいと願うからです。それによって開発された技術や知恵は、地上人に向けてインスピレーションという形にして送っています。

2015年8月15日。この日に私が見た夢の中でとくに印象に残った、霊界の技術開発について紹介します。

地上で医療関連の職に携わっていたと思われる霊界人が集まって、医療カプセルを開発していました。カプセルの大きさは縦の長さが2メートル弱、横の長さが縦の半分から3分の1くらい。カイコの繭のような形をしています。中に人が一人はいれるくらいの大きさでしょう。その医療カプセルの中に病気の人がはいれば、地上で難病と言われる重い症状を患っている人も体の機能が正常になります。そうして患者の治癒力を高めることによって、薬品の投与や手術を行うことなしに病気を治していくというものでした。このカプセル開発に携わった人によると、霊界ではすでに医療カプセル技術は完成しているということでした。

地上では自分の力を十分に生かす機会に恵まれず不本意な人生を送った人も、楽園以上の霊界においてはその人の本来の能力のみならず隠れた力をも発揮することが可能です。天国の待合室では、地上人のために技術を磨く人もいれば、天国にいる人と兄弟姉妹のように仲良くして希望にあふれて暮らしている人もいます。

・**天国の研究者たち**

さまざまな場所に移動するには、徒歩でもよいし乗り物を用いてもよいのですが、空を飛んで行くこともできます。いろいろたくさんの場所に行ってみたいというのなら、空を飛んで行くのが一番でしょう。

あるとき私は空中に浮かびあがって青空に落書きをしました。空に描くデッサンは、形あるキャンバスのものよりはるかに自由で素晴らしく最高のものです。

またあるときは川釣りの名人に会って釣り体験をしました。その人は釣りが好きな地上人のために釣り道具の開発をしていました。さらにあるときにはガーデニングの専門家に会いました。お花畑で仕事をしているところで、新しい種類の花を造り出していました。コバルトブルーの色をしたチューリップがありました。

霊界には、地上世界に存在するありとあらゆる職業があり、それぞれ研究開発に携わっています。

■天国の様子

・**四季折々に美しい天国の待合室**

２０１０年ころからはよく天国の待合室の夢を見ます。その中で体験した出来事についてお話しします。

夢にはこの世界の自然豊かな場所がよく出てきて、私は様々な場所に行きます。春はお花畑一面の菜の花やサクラソウ、その他、地上で見られるありとあらゆる種類の花が咲いていますが、そのほかにも地上では見られない多くの花が咲き、見事な色彩で溢れています。

夏には暑い中でも、海岸に行けばさわやかな潮風が吹いてきます。浜辺にある大きなヤシの木の木陰で休むと、とても気持ちがよくなります。秋の山は紅葉で覆い尽くされていて、その美しさに目を奪われ声も出ないくらいです。秋の季節に砂漠にも行ったことがありますが、カラフルな砂の山がまるで生き物のように動いていく様子に心が捉えられてしまいます。冬は雪山に行ったのですが、地上の登山のような制約はありません。厳しい寒さや危険はなく、重厚な装備品の準備も必要ないのでエベレスト、モンブラン、キリマンジャロに匹敵するような山々に自由に行くことができます。

・待合室から天国が見える

２０１２年６月10日。この日の夢で天国の待合室のとある場所から天国の宮殿が見えるということで、私はそこに行ってみました。そこの場所には初夏のバラが色とりどりに咲いていました。バラの高さはおよそ1メートルで垣根のようになっていて、ずっと遠くまで続いていました。私はバラの垣根の正面に立っていましたが、左右どちらの方向を見てもどこまで続いているのか全く見当がつきません。

そのバラの垣根の向こうには川が流れていて、川のところどころに中洲があり、川幅は60メートルないし１００メートルくらいでした。中洲は鮮やかな緑色の草で覆われ、そのところどころに百合の花が咲いていました。私がいた場所の正面の川岸には２本の木が生えていました。さらに川の向こう側は山がそびえていて、緑の木々で覆われていました。その山の頂上に白亜の宮殿が建っていました。私はその宮殿が天国の宮殿であると直感しましたが、そのときちょうど目が覚めました。

・天国の門

２０１２年７月２日。天国とはどういうところで天国人はどんな生活をしているのか、私はずっと気になっていました。そこで、この日に見た夢の中で知らされた内容から触れてみようと思います。

その夢は、聖書の中に書かれている12の真珠門の中の一つのようでした。

その門の色はピンクでした。門はその本体だけでなく周囲を囲む壁まで同じピンク色でした。私は空中５メートルくらいの高さに浮かんでいて、周囲を見下ろしていました。よく見ると道路は石畳でローズクォーツの石が敷き詰められていました。道路の脇にはピンク色の木と、桜のような街路樹とが等間隔に植えられていました。

一本道の道路の上空を私は一瞬で飛んでいき、天国の門の前に到着しました。遠くから見たときには門の大きさは全く見当がつかなかったのですが、近くまで来るととても大きいものでした。ジャックと豆の木に出てくる大男の城を想像してください。その城の門くらいの大きさでした。

何かの理由があったのでしょうか、私は門の正面から中に入ることはできませんでした。そのため門の内側の様子は分かりません。しかし門の脇の壁のところにわずかな隙間がありました。隙間は小さなもので人が通り抜けることはできません。しかしそこから中の様子を見ることはできそうでした。

私はそこから中を覗いてみました。中は素晴らしい世界のように感じられました。立派な宮殿とすてきな庭があり、ライラックの花の香りが漂ってきました。さらに竪琴かハープに音色が似ている、美しい音楽も聞こえてきました。宮殿の庭は愛の空気で満たされていて、まるでお母さんの腕の中に抱かれている赤ちゃんのような安心感を覚えました。私はしばらく心地の良い感覚に包まれていたのですが、ふと我に返り、「ここが天国なのかな、もしそうだとしたら中はどうなっているのだろう。住人はどんな人たちなのだろう」という思いがわいてきました。

・天国の番人の声

その一瞬の思いに反応して私の心の中に、テレパシーのようなかたちでメッセージが送られてきました。声は聞こえませんが、その送り主の意思ははっきり伝わっています。どうやら、天国の番人のような立場の者かもしれません。人というより天使のようでした。

私に伝わってきたメッセージは、「天国の機能は宮殿を中心に全体が一人の人間のようになっている。天国を創造された神様が頭の機能で、人間は体の各所の役割を担っている。みんなが喜んで生活している。天国の太陽は地上と同じように暖かく、ここには四季もある。

天国は地上のような時間の制約がないところなので、わずか一瞬のときでもとても長く感じることもできるし、１０００年の時間でもほんのわずかに感じ取ることもできる。また上下、左右、前後の空間の制約もない。距離の感覚も異なる。一瞬で宇宙の果てまで移動したりすることも可能である。さらに大きさの感覚も異なっている。極大の存在になって天体を観察することもできるし、極小の存在となって素粒子を観察することもできる」と言います。

さらに、「天国の住人は神様によって創造された自然万物に囲まれ、その一つひとつを大切にしている。天国人は一人ひとりが神様の子供であり、その価値は無限だ。天国人それぞれが人の価値と人格を認め合うので、人を貶めるような行為は絶対に行わない。そして自分自身もその価値を最大限に発揮できるよう努力して生活している。では、天国人はこのようにして幸福にくらしているというのなら、地上人の苦しみ、痛みがわからないのではないかと思うだろう。しかし、それは違う。神様が人類を救おうとして、長い間泣いてきたように、天国人も人の痛みや苦しみがよく分かった人たちである。また、そのような人たちでなければ天国に来ることはできなかっただろう。だからここには人類を代表するような過去の偉人や聖人もいるのだ」といった内容でした。

・天国の庭と功労を積んだ人たち

２０１２年6月16日に見た夢についてお話します。このときは天国とはどういう所なのかを知らされました。

天国には命の木が生えていました。聖書にも創世記の最初に記述がある、あの「命の木」です。物語の世界のものと思っていたその木が夢の中とはいえ、実際に存在するものなのだと感じました。

命の木には花が咲いていて、色はピンクでした。花であることは間違いないのですが、よく見ると鳥の形をしていました。花は天使によって守られていました。花の数は14万4千でした。善人の象徴にも見えるその花は、天使や周囲にいる人々から讃えられていました。それらの花にはそれぞれ人の名前が刻まれていました。私はテレパシーで天使に「ここに名前が刻まれているのはどのような人たちですか」と尋ねると、地上で人の為に尽くした人、命がけで努力して世の中の発展に寄与した人、真心を尽くして生きてきた人であるということでした。

２０１３年４月10日の夢についてです。
天国の庭の命の木がある部屋の隣に石の部屋があると言って、私をそこに連れて行こうとする天使がやってきたので、導きに従い私はその天使に付いて行きました。
部屋に入るとそこには何万本もの柱がありました。柱の色もピンクです。柱はレンガくらいの大きさの石を積み上げてできていて、高いものではビルの３階くらい。いろいろな高さの柱がいたるところにあります。造り始めたばかりの低い柱もあります。その柱は建物を支える役割をしているものではありませんでした。
功労を積んだ人たちの思いが詰まったものが一つひとつのレンガのような形になり、それが積み重なったものが柱という形になっていったのでした。ここの番人の天使はこの部

屋の石について語りました。「地上で人のために尽くした人の思いがピンクの石になってこの部屋に積まれているのです」仏教でいうところの『徳を積む』というものです。地上で積まれた『徳』は永遠に天国の宝となって天国人に讃えられるのです。

・天国人は休みなく働いている

天国人は宮殿の周りに家を構えていて、周囲は城下町のようになっています。白い家が多いのですが、好みによってカラフルな家を建てている人もいます。欲しい物や必要な物があった場合、買ったり遠くから取り寄せたり時間をかけて作ったりしなくても、心の中で願えば魔法のように何でも出現させることができます。

物だけでなく、人に関しても時空の制約なく呼んだり会いに行ったりすることができます。例えば誕生パーティーなどを開きたいと願ったならば何人でも友人を呼ぶことができますし、パーティー会場も一瞬で作ることができます。

このような世界なので、財産や権力を誇る人など誰もいません。この世界には地上で人の為に尽くしてきた人が来ています。地上でそれぞれ精通した分野においてその力をいかんなく発揮し、さらに研究や努力を怠りません。

芸術家として地上で貢献してきた人なら天国に来ても優れた芸術作品を生み出し、地上人が優れた芸術作品を創る手助けをしています。スポーツ大会も開催されています。アートの展示会や音楽のコンサート、歌劇など地上で楽しむことのできるものは全て存在します。

人類に貢献をした、哲学者、知識人、宗教者は兄弟のように仲良く会議をして、人類の幸福のためにどうしたらよいのか知恵を出し合っています。

こうして話し合われたことは天使を通じて地上人のもとに送られ、各分野で努力している地上人がそのメッセージを受け取ります。今は、ほとんどの天国人がその得意分野で培ったことをメッセージとして送り続けているので、地上での発明発見、技術の進歩が著しいのです。

天国の様子について述べてまいりましたが、今は天国の住人はそのほとんどが地上に降りてきて、現在天国は空っぽの状態です。残っているのは管理者と一部の人だけです。

天国人は地上で起こっている諸問題に対処するために休みなく動いています。

・霊界と地上の一致の夢

2012年8月31日に見た夢について述べます。霊界と地上界が一つになるという夢です。

ではなぜ今までつながっていなかったのかという疑問を持たれることでしょう。

400年前にスウェーデンボルグが霊界を行ったり来たりしていた時代には、霊界と地上界には微妙なずれがありました。本来創造主が宇宙と霊界を創造されたときは一つでした。しかし、人間の始祖が事故を起こしたことで地上と霊界にずれが生じたのです。ですから人間が亡くなって霊界に行くと、亡くなった人の心が落ち着くところには直接行くことができません。

その人が生前住んでいた国、地域、宗教、その他いろいろな条件によって細かく分かれていき、同じような人々が集まるのです。それで４００年前は何層にも分かれていたのです。

ところが２０１２年8月31日をもって、霊界のすべての垣根が崩れ落ち、本来創造主が造られた地上と霊界が一つになりました。

それはあたかもジグソーパズルの最後の一つのピースが「パチッ」と音をたててはまるような感じでした。そのとき以来、霊界と地上界に存在していた垣根が消えました。

天国の待合室を自由に行き交いできますし、地獄に存在していた何層にもなる壁もなくなってきたので、今は地上に悪魔もやってきています。そのため、今までに経験した戦争や紛争とは比べものにならないくらいの大きな問題が起こっています。このまま放置しておけば、世界中が大混乱になるので天国人たちが善なる天使と一緒に降りてきて、地上の悪魔を退治しているのです。そのような状況の中、印象に残る夢を見ましたので紹介します。

・聖人たちが円卓会議

２０１３年7月18日。この日の夢の内容は天国にいる聖人の様子です。

歴史上の聖人たちがイエス様を中心として、円卓会議を行っていました。霊界でも神様のお姿は見られません。

神様の周囲は春のような温かさが感じられます。円卓会議の参加者はイエス様のほか、マホメット様、お釈迦様、孔子様、ソクラテス様、アウグスチヌス様でした。

イエス様がテーマを決められると、皆さんは嬉しそうに話し合いを始めました。イエス様は地上の様々な問題に心を痛めておられて、「皆が仲良く平和に暮らしていくためにはどのようにしたら良いでしょうか？」と質問を投げかけると、お釈迦様が「イエス様、ここ霊界でも幸福に暮らすために、一つの円卓に集まって会議ができるようになるまでには、天の神様のご苦労がありました」と答えました。イエス様が「そうでしたね。マホメット様と孔子様はどのようにお考えですか」と問いかけると、二人とも同じ意見のようだったので深くうなずいていました。そのような中で円卓会議は続いていきました。

第2章　未来はどうなっていくのか

・『本気で働く』と言われた神様

２０１６年６月14日。この日の夢では、神様は『本気で働く』と言われていました。

２０１８年が大きな節目となり、地上も霊界も善と悪がはっきりと姿を表します。２０２０年以降には善の勢力が大躍進し、世界中の国を代表する人が集まってもう一度、新しい世界平和のための会議ができるということが霊界からのメッセージとして伝えられてきました。

■人生の目的

・３つの魔法の言葉

地上世界では、天国のように魔法を使えれば望むことは何でも叶い、どんなものでも現れるというわけにはいきません。しかし地上においてもまるで魔法のように地獄を天国に変えるすぐれた方法があるのです。

それは、家庭を起点として、天国を創っていこうということであり、そのために用いるのが魔法の言葉です。

「おはよう」、「一緒にやろう」、「ありがとう」の３つです。誰でも言う普通の言葉です。

「なんだ、かんたんじゃないか」と思う方も多いことでしょう。それでは、実際にみなさんの家庭で、夫婦、親子、兄弟姉妹の間で毎日言っているでしょうか？　学校や職場で言っていますか？

この言葉は天国に通じる言葉です。だから、毎日この言葉を使っていると地上に降りてきている天国の霊人や善の天使が応援してくれます。

私は、夢の中でさまざまな啓示をうけてきましたが、これから紹介する夢の話は少し内容が異なり、一人の霊界人に関するものです。

・白馬の王子様は誰？

２００９年2月24日。戦乱か災害のいずれかで崩壊してしまっていた大きな建物が、再建されています。建物の門から白馬に乗ったアジア系の青年が出てきました。それを見て私はその青年は建物の主であると感じました。私はその青年のことをあたかも、外国に逃れていた王が祖国に戻ってきたかのようだと感じました。青年は東洋と西洋の双方に心が通じている人で建物の周囲の人々に、「王はこうして帰ってきたよ」と伝えているという雰囲気でした。夢はここまででしたが、この夢を見たときはその意味することが何なのか全く分かりませんでした。

それから3年後、２０１２年2月13日に夢を見ました。3年前に夢に現れた青年と思われる人が、私に近づいてきて「私はこれから悪魔との戦いに行きます。どうか私のために祈ってください」と懇願しました。3年前の夢のときは青年の顔ははっきり分からなかったのですが、この夢では顔がはっきり確認できました。年齢は25歳、白馬に乗り水色のボーダーのTシャツ半ズボンという姿でした。青年は、「40日間祈ってくれたら、悪魔と戦える武器と防具の装備を手に入れることができる」と言いました。この夢についてもその意味することは分からなかったのでした。

・夢に現れた山田さんの息子さん

これら2つの夢については誰にも話さず、夢日記に記録しておきました。

それからしばらくして、友人の向井さんが「私の知り合いで、新聞社の特派員として中東に行って20年活動してきた人が日本に帰ってきたの。山田さんという人だけど話を聞いてみない?」と言ってきました。

私は2007年にシリアに旅行したことがあり、中東についての関心も高かったので向井さんの提案に従い、山田さんに会うことにしました。後日、山田さんを紹介され、山田さん、向井さん、私の3人でコーヒーを飲みながら喫茶店で話をしました。私が山田さんに、「中東のことを詳しく話してください」と頼むと、20年間にあった出来事についてたくさん話してくれました。そして、山田さんはトルコに家族で住んでいたとき、当時13歳だった息子さんを事故で亡くしたという話をされました。それから10年以上の年月が過ぎているのですが、息子さんのことを思うと今でも心が痛むと言っていました。

私は、自分で体験してきた霊界の話をして、山田さんの息子さんも霊界で元気にしているのではないか、というようなことを言いましたが、山田さんはその話にはあまり反応しませんでした。霊界に関する私の話は、山田さんにとって何の慰めにもならなかったようでした。

ところが、私が2月13日の夢のことを話し、現れた青年の誕生日を告げると、山田さんは驚いて、「あなたはなぜ息子の命日を知っているのですか」と聞いてきました。山田さんがあまりにも驚いた様子だったので、私は「ひょっとしてあの青年は…」と直感しました。さらに詳しく夢の話をすると、山田さんは「これはもしかしたら息子が何らかのメッセージを送ってきているのかもしれない」と言いました。そしてこの日は解散しました。

その日の夜に、山田さんから私宛にメールが送られてきました。メールには山田さんの亡くなった息子さんの写真が添付されていました。私はその写真を見た瞬間、「この子だ！」と叫んでいました。そして寒気が襲ってきました。

私は気を取り直して、さっそく山田さんにメールを送りました。「私は息子さんが成長して25歳の青年となった姿を夢で見ました。着ていた服も写真の物と同じです。夢の中で、息子さんから私に、40日間祈ってほしいと頼まれたので、40日間祈ります。そうすることで霊界の悪魔と戦う武器と防具を手に入れることができるそうです」という文面です。山田さんからさっそく返信がありました。「夢のことは私にはさっぱり分からないけれど、息子がそう頼んでいるのでしたらお祈りをお願いします」ということでした。そして私は40日間祈りました。

・亡くなった息子さんと夢で出会った山田さん

2012年3月23日。40日間の祈りを終えると、その祈りにこたえるような夢を見ました。白馬に乗った青年が、しっかりとした服を着て、体は防具で覆われており、剣と楯を装備した中世の騎士のようないでたちの夢でした。青年は「ありがとうございます。これで闘うことができます」と言って馬を走らせて行きました。

人は死んだらそれですべてが終わりになるのではなく、魂は生き続けて地上や霊界において活動し、ときによっては悪なる勢力と戦う場合もあるということです。

ところで、2012年3月23日の白馬に乗った息子さんの言葉が「おはよう」「地上と霊界が一つになってみんなで一緒にやろう」「ありがとう」でした。地上のどこかに働きかけながら、悪魔と戦って世界を平和に導こうと尽力していることでしょう。

このあと私は青年の夢を見ていませんが、山田さんとの交流は今現在も続いています。

山田さんは、2016年2月に、立派な青年の姿となった息子さんを夢で見たそうです。

山田さんは息子思いの父親でしたので、ずっと心の痛みが続いていました。しかし、成長した息子さんの姿を夢で見た私の話を聞き、さらにご自分でも息子さんの夢を見たことによって、心が晴れたそうです。息子さんが立派な青年となり霊界において善なる天国人として活躍しているということを実感し、安心したと言っていました。

霊界は本当に存在しています。山田さんは理論的な方で、新聞記者の職にあり、どちらかといえば目に見えない世界よりも自分で見聞きしたものしか信じないという人です。それで、今まで霊界のことにはほとんど関心を持っていませんでした。そんな山田さんですが、私が見たような夢を見ることができるようになりました。そして、息子さんを亡くした悲しみと心の痛みから解放されたのでした。

・御嶽山の噴火の夢

２０１４年９月27日。御嶽山の噴火のため63人の方々が犠牲になるという災害がありました。

私はこのときのニュースをテレビで見ました。翌日夢を見ましたが、遭難したと思われる小学生の少女が出てきました。少女の霊は私のすぐ左隣りに来て、手をお腹の上に乗せました。驚いた私は少女の手首をつかみましたが、少女は一言も話しません。通常なら手をつかんだりすれば、「いたい」とか「たすけて」とか言うものでしょう。さらに私は「ワー！」と叫んでみたのですが少女はその声にも反応しません。じっとしたままでした。

私は『昨日の噴火災害の犠牲者の一人ではないだろうか』と思い祈りました。すると少女は「スー」と天に登るように姿を消しました。

この話を聖書研究会の渡辺さんに伝えると「もしかして私の知っている宮本さんのお子さんかもしれない。噴火の犠牲者の中に宮本さんのお子さんがいたのよ」と言いました。数日後、渡辺さんに会いました。私は「祈ったら少女は天に昇っていった」と話していたので渡辺さんは宮本さんに私の夢の話をしたそうです。宮本さんは「ありがとう」と言っていたとのことでした。

霊界は身近にあります。善と悪は今の時代交差しながら、より善の方向に向かうよう軌道修正されています。

・神様からのメッセージ

２０１６年６月14日の朝、私はテレビのニュースを見ていました。そのニュースでは、８年前に少女を殺害した犯人が、女の子の夢を見て怖くなり犯行を自供したという内容でした。このことでも象徴されているように、地上と霊界はすでに一つになっているのです。つまり、先に悪魔が地上に降りてきて地球の多くの人たちを支配していきます。そのあとに善の霊や善の天使が降りてきて地球全体に広がっていきます。先に来ている悪魔たちは自分と波長が同じ人間に取り憑き、一番居心地がよいと感じる人間の心の中に入り込みます。そうして取り憑かれた状態の人間は『悪霊の宿主』となります。

どのように人間の心の中に入り込むのでしょうか。

人間が「罪悪感を持ち続ける」その隙間をついて悪霊が入り人間に取り憑いていきます。その後は悪霊の思い通りに操られていくのです。一度取り憑くとその人間が使い物にならなくなるまで、居続けます。

悪魔にとって居心地がよいので、なかなかその人から出ていくことはありません。ですから、善の霊が人間を助けようとしてもはじかれてしまうことが多いのです。ニュースで「怖くなって自供した」と語っていた犯人には、８年間悪魔が宿っていたのでしょう。しかし、年月を経ていく中でだんだん本来の自分を取り戻していったのではないかと思われます。

たとえどのような凶悪な犯罪者であったとしても、悪に染まっていない幼少の時期もあったはずです。そして、両親がいたからこそ、その人も地上に生を受けることができたのです。この犯人の背景には、『子供は正しく立派になってほしい』という両親の願いや祈りがあったに違いありません。親が子供を信じて願い、祈ると、その思いが霊界を通じて本人に届きます。それによって悪人が改心していくことがあるのです。

そのニュースを、私は犯人の母親になったような気持ちで、犯人のこれからの人生が幸せになりますようにと祈りながら見ていました。

すると、その後、神様が幻のようにあらわれ（もちろん姿は見えません）私に語りかけてこられました。

『あなたの体は地を治めるのであり、あなたの心は天を治めるであろう』という言葉でした。

大切な人のことを思ったり、祈ったりする「善なる思いの力」や「祈りの力」を実践していくことで神様からメッセージが届くこともあります。

・地上の人生は永遠に幸福に暮すためにある

私は普通のサラリーマンの家庭に長女として生まれました。妹と弟がいて、親に愛されて育ちました。とくに大きな事故や病気もなく、短大を卒業して普通に就職もできました。私がただ一つ変わっていたことは、人には見えない霊が見えたということです。その一点をのぞけば自身の境遇を不満に思ったりはしませんでした。妹と弟は私より先に結婚しました。でも私はなかなか良縁に巡りあえませんでした。霊が見えていた私は、人生について、いろいろ考えました。お見合いの話はあったのですが、何か心が納得せず、結局断り続けてしまいました。そのような中、聖書を読むようになって神様がいると思うようになりました。すると、「神様がいるのなら、なぜこの世の中は不幸な人がこんなに多いのか」という疑問がわいてきます。

そんなときに、前にも述べましたが、知人から誘われた聖書研究会に参加するようになりました。そこで勉強を続けていくうちに、人生の目的が分かってきました。それは、『永遠の幸福を得るために人生があるのだ』ということです。そのために地上で私たちがなさなければならないことがあるのです。

言い換えるならば、地上の人生は、霊界に行って永遠に幸福に暮らすための準備期間だといえます。地上の人生の反映が霊界での生活です。地上で不幸な人生を過ごした人は、霊界でも同じような姿になります。では、実際に地上に目を向けてみるとどのようになっているでしょうか。

世界を見渡してみると、悲しみ、苦しみ、理不尽な事、不公平、悪事や犯罪等、あらゆる矛盾が見られます。ではこうしたあらゆる不幸の原因となるものは最初から存在していたのでしょうか。そして、霊界にも地上と同じような問題が存在するのでしょうか。地上の反映が霊界であるなら、霊界にもこうした矛盾は存在するはずです。

・悪なる人間が満ち溢れた霊界

神様が霊界を造られた当初は、天国だけの世界になっていくはずでした。人間は、善なる生活をしながら成長し、男女が結婚して夫婦となり、子供を育て、良き家庭を築きあげていき、世界中に広がっていくことが神様の願いであり、喜びとなるはずでした。こうした家庭で地上は満ち溢れ、そして霊界でも同様になっていくことが神様の理想とすることだったのです。

しかし、今は神様の創造理想とは大きく違っています。

なぜそうなってしまったのでしょうか。それは人間が神様から離れてしまったことが原因です。

聖書の創世記には、人間の始祖であるアダムとエバが、神様の戒めを破った話が記されています。神様はアダムとエバに、エデンの園になっている木の実を自由に食べてもいいが、ただ一つ、善悪を知る木の実だけは取って食べてはならないと言います。しかし、アダムとエバは蛇の誘惑に負けて取って食べてしまい、エデンの園から追放されてしまいました。形は違いますが、他の多くの宗教でも人間誕生のときに間違いがあったことが象徴的に書かれています。人類始祖の間違いが原罪となり連綿と罪の歴史が続き、いくつもの民族、国家に分れてしまいました。また、世界には多くの言語が生じ、さらに多くの宗教も発生しました。宗教団体は、それぞれが自ら信じる宗教以外を排斥し、さらに争いを重ねるようになってしまったのです。よほど広い視野に立った人でもない限り、壁を超えて交流するのは至難の業です。

このようにして、地上に地獄ができてしまいましたので、地上の地獄にいた人たちが霊界に行けば、天国ではなく地獄に行くことになります。つまり、地上で地獄ができたのに伴って、霊界にも必然的に地獄が発生してしまったのです。

国や民族についても同じことが言えます。「私はいろんな国を旅したからどんな国にも行ける」と考える方もいらっしゃるでしょう。確かに自由が保障されている国に住めば、旅行は自由です。しかし、自由のない国に住んでいる人は、国の外に出て行くことは困難ですし、中には居住区域から外に出る自由すらない国さえ存在します。そのような国が地上に存在しているために、霊界は地上よりもいっそう国境を越えた交流が困難な世界になってしまいました。

宗教、民族、国家とバラバラに分かれてしまったので、対立や闘争が生じるようになりました。霊界の人たちは一度作られてしまった壁から外に出られないので、自由に動くことができなくなったのです。

◆コラム　人生の見方、考え方

・人生の4段階

私たちの人生には時間が存在します。どんな人も地上で生きることができる期間は永遠ではありません。いつかは霊界に行きます。では、地上生活の時間を区切って考えるとどのようになるでしょうか。

1日を時間で区切ると0時～6時、6時～12時、12時～18時、18時～24時というように大きく4段階に分けることができます。最初の6時間が冬、次の6時間が春、3番目の6時間が夏、最後の6時間が秋に例えられます。

人生もこのように考えてみましょう。

人それぞれ少しずつ異なるかもしれませんが、0歳～30歳が冬、30歳～60歳が春、60歳～80歳が夏、80歳～103歳が秋です。103歳なんて中途半端な数だろうと思う方もいらっしゃるかもしれませんが、103という数字は、東洋哲学の「回帰数」であって、平均的な人ならこの年までは生きられるとされている年齢です。（実際にはもう少し早く亡くなる方のほうが多いですが）

こうして期間を区切った、冬、春、夏、秋の4段階の時間は霊界の構造にも共通しています。（霊界は時間を超越しますが構造的考察は可能です）さらに宇宙や地球の歴史、人類の歴史についてもこの4段階の期間が当てはまります。

では、人生についてそれぞれの期間の内容を考察していきましょう。

0歳～30歳は人間が成長する期間です。この間に体は大きくなり、いろいろなことを学び、自分はどのような人間になるのか目的を見つけ、そのためのスキルを磨きます。充実した人生を送り幸せになっていくための準備を行う期間として位置づけられます。できればこの期間内に結婚して家庭を持ち、子供が生まれればなおよいでしょう。

30歳～60歳はそれまでに身に付けた知識、能力、技術を生かし、社会貢献をする期間です。また子育てを通じ、良き親となっていく期間でもあります。家庭内では子供は成長期間であるため、多くの愛情を注いでその成長を助けてあげるのも必要です。

60歳～80歳は肉体的には下り坂に差しかかってきます。体をフルに動かすことは難しくなりますが、それまでに多くの経験を通じて身につけてきたスキルを子孫や後世の人たちに伝えていく期間です。とくに優れた業績を成してきた人ならば、後継者の育成やその人の意思を継いでいく組織の立ち上げなどが、この期間に行う活動の中心となります。

80歳～103歳は霊界へ行く準備をする期間です。この期間は地上で自分自身が成してきたことを考え、反省し、心残りがあれば一つひとつ清算します。肉体的には衰えてきて、介護を受けないと生きていけなくなる人もいます。そんな人も悲観しないでください。今までの活動を通じて、社会に貢献し人々に愛を注いできたので、この期間には社会から恩恵を受け、人々から愛を受けることも必要なのです。

　自分が今どの期間にあり、未来の自分が永遠の天国で暮らす姿をイメージし、それぞれの期間にふさわしい活動をすることが必要です。心の延長が霊界なので、毎日天国に心が向かって生活しているのか、あるいは心が折れてしまって、マイナス的に考えてしまうのか、もっと悪ければ悪事に心を奪われて地獄につながってしまっているのか、冷静に考えてみてください。


　現代の科学において、宇宙の誕生は137億年前、地球の誕生は46億年前とされています。ここでは地球の歴史に焦点を当て、4段階の期間について考えてみます。

35億年前に地球に光合成バクテリアが登場します。原始的な生命が誕生したこの時までの11億年間が冬の期間です。

・宇宙、地球の歴史の4段階

12億年前には多細胞生物が現れました。バクテリアの誕生から多細胞生物までの13億年間が、春の期間です。そこから地球は火山活動が激しくなり、世界中が氷河におおわれたりするなど、生命にとっては厳しい自然環境が続きました。しかし気候も徐々に安定してきて、3億年前になったころには恐竜が出現しました。

　1億年前は地球全体が温暖化していて、恐竜の全盛期を迎えていました。多細胞生物の出現から恐竜の全盛期までの12億年間が夏の期間です。
1億年前に地球に巨大隕石が衝突して、恐竜が絶滅しました。そこから現代までの期間1億年間が秋の期間となります。その後最初の猿人の出現は700万年前、人類の直接の祖先となるホモ・サピエンスは20万年前に現れたとされています。長い地球の歴史から見ると、人類の出現はごく最近の出来事と言えるでしょう。その後人類は発展をとげ、今や77億人までになり、地球上のあらゆる場所において生活するまでに至っています。創造主が準備をして環境を整備した長い期間は、まさに人間の為にあったのです。今後人類はさらに発展していき創造主の目的が実を結んでいく期間なので、今後の期間は秋として定義するのです。

冬　46億年前～35億年前
春　35億年前～12億年前
夏　12億年前～1億年前
秋　1億年前～現在～未来

■未来はどうなっていくのか…私たちの使命

・世界は大きく変わる

２０１８年から２０２０年代には世界が大きく変わっていくということを、私は霊界から知らされました。その変化は、今までに起こったこととはまるで次元の違う規模と内容です。

今の世界の状況について考察してみましょう。各地でテロが頻発している反面、世界各国の政治指導者が一致協力して平和に向かって動き出しています。

また、ある出来事が発生すると、その情報は一瞬にしてインターネットを通じて世界中に伝わります。物資の取引や流通に関してはわずかな時間内に売り手と買い手が接触することができ、需要のない商品は生産されないので、今まで生じていた無駄がなくなりました。先進国は発展途上国のインフラ整備に協力し、道路や橋の交通網の建設などの形あるものを造るだけでなく、技術的指導を行うことによって、貧しい国の人たちを助けています。

医療健康問題については国際的な機関が発足し、十分な医療を受けられない国々の人たち、とくに子供を支援する活動が広がっています。ここ最近の医療技術の進歩は目覚ましく、今までなら命を落としていたような人が助かる時代になりました。一例をあげれば、２０１５年ノーベル医学・生理学賞を受賞した大村智・北里大学教授は、寄生虫を媒介するブヨの駆除をする特効殺虫剤を開発し、アフリカの４０００万人をこの恐ろしい病気の感染から守りました。

地球環境問題については、今や世界中の人が関心をもつようになりました。世界のどの国においても地球環境問題の教育が行われています。環境を破壊し資源を浪費するような行為をした人には、厳しい罰則が科せられるようになりました。

しかし、一方で飽食の時代は続いています。多くの食料が無駄に捨てられている一方で、アフリカなどの貧しい国では多くの餓死者が出ています。

・海洋資源を活用する

これらの環境問題や食糧問題を解決するカギは海にあると、私は知らされました。

人類が直面している食糧問題。とくに飢餓で苦しんでいる人たちを助けなければなりません。そのためのカギはまさに海洋にあります。海洋資源の有効利用により、新しい養殖技術を活用すれば、多くの人が飢餓から救われるはずです。また、海洋に無限に眠っている資源も見逃せません。地球の約7割の面積を占める海洋については、今までほとんど活用ができませんでした。しかし、技術の進歩により、深海に眠る資源も利用可能になってきました。人類は希望ある未来を迎えようとしているのです。

これらのことは、霊界ではすでに実現していることです。霊界で実現していることはやがて地上でもその通りになるのです。

・国境が撤廃される

このような霊界の状態を打開するには、まず地上に存在している国境を撤廃することが必要になってきます。そうしない限り、天国の待合室から天国に行くための門が開かれません。ですから、義人や善なる国際組織が地上に出てこなければならないのです。そのようにならなければ地上に苦悩が残るのと同じように霊界においても苦痛が残ってしまいます。人類の歴史の中で義人が現われたことや善なる組織を作っていこうという活動が行われたのは、まさにこの目的を果たすためであったといっても過言ではありません。２０２０年代には、まず国際間の組織も新しい理念、共通目的で、隣国との境目をパスポートなしに自由往来ができるようになるでしょう。その後、国同士が利害を超えて結びつき、国境がなくなっていくでしょう。

それまで国境だったところは、スポーツ施設、競技場、各種イベント会場、商業施設、宿泊施設、公園、その他あらゆる娯楽文化施設を造ります。人や物資の往来をさらに活発にするために世界中を結ぶ道路や高速鉄道も充実させます。こうして世界の隅々まで交通網で結ばれれば、貧しい国々は豊かになっていくでしょう。

・毎日の暮らしの中で私たちのできること

では、こうした時代のただ中に生きる私たちはどのようにしたらよいのでしょうか。

夢で教えられた結論は、私たちが今生きている地上生活で善なる暮らしをしていけば、天国への道は開けるということです。

昨今の時代環境の変化はめまぐるしく、「私はとくに優れた能力や技術を持っているわけではないから、変化についていけない。私にできるのは誰にでもできる単純労働しかないのでは？」と考える方もきっといらっしゃるでしょう。でも、そんなふうに考えなくてもいいのです。

年をとった人でも、体が不自由な人でも、人の役に立つ活動をしている人はたくさんいます。離れた場所に自ら出向かなくても、インターネットを通じて情報を発信することはできます。ですから、私たちが活動する意志さえあれば、いろいろなことができるのです。

あなたが感動したこと、興味を持ったこと、自分でもできることなど、どんどん外に向かって発信してみてください。そうすれば、あなたのまわりに変化が現れるでしょう。

家庭においては「いつも天国で幸福に暮らすこと」を思って生活してください。たとえ地上で自分の力を十分に発揮できなかったり、作り続けた物や成した業績が日の目を見なかったりしたとしても、悲観しなくてもよいのです。

家庭を天国にしていく力は、「思いやり」「愛の祈り」です。大切な人を『思う力』や『愛の祈り』は地上の人に大きく影響します。そして大切な人を幸福にしたいという思いを『継続する力』は大切な人が倒れたりくじけそうになったりしたときの支えになります。一人では支えるのが困難な人がいるときなど、仲間同士が声をかけあっていくことで力が出てきます。それは『同じ思いの仲間の為にする力』です。辛いとき苦しいとき、生きていること自体が重荷に感じられるとき、自分の中だけで問題を解決しようとするのではなく、信頼できる人に相談するなど一歩前進してみてください。励ましの言葉を受けることによってピンチを脱出することもできるのです。

天国では成したことがすべて明らかになるし、その人の能力を１００％発揮できるところです。地上で地道に努力をしたのであれば、そのときにたとえ認められなかったとしても、その行為は「徳」として宝のように積まれているのです。努力が無駄になることなど決してありません。

今の時代は、天国への道は誰にでも開かれています。地上の時間は霊界の時間と比較すれば、瞬きするほどのわずかな時間にすぎません。この地上の時間をあなたの可能な限り努力しながら生きてください。

霊界での天国生活を目標とし、「私は幸福になる」と毎日唱えながら暮らすことをお勧めします。私たちの前に道は開けているのです。

第3章　霊界の説明書

第1章と2章で、天国のすばらしさと天国への道は開けているという話をしました。それでも、今の自分はどうなんだろうという不安はぬぐえないのではないかと思います。

そこで、今のあなたがどんな世界にいるのかの診断書をつくってみました。いま、この世を去った後、どんな世界に行くのか知りたくありませんか？　果たして、天国に行くことができるかの診断にチャレンジしてみてください。

■天国へ行けるかどうかの診断

・選ぶとしたらどれですか？

以下のAからJまでの10項目があります。

Aからスタートして、一つ選んだアルファベットをたどって天国の門にたどり着いてください。

A：天国人の主役はどんな人

- ・王様　Bへ
- ・政治家　Cへ
- ・美女　Bへ

・良心家　Ｂへ
・生涯青年の心の人　Ｃへ

Ｂ：行動や考え方の傾向
・人の話を聞かない　Ｄへ
・自殺を考えたことがある　永遠の地獄
・大の悪と小の悪なら小の悪を選ぶ　Ｄへ
・人を殺したいと思ったことがある　Ｃへ
・一人で何でもやりたい　Ｄへ

Ｃ：天国人になったとしたらどんなことをしたいか
・一人で自由を楽しむ　Ｇへ
・ヒーローになって人を助ける　Ｅへ
・ハーレムの王様が夢だ　Ｅへ
・相手と戦う時は精神攻撃を与える　Ｇへ
・自分の技術をみんなに伝える　Ｅへ

D：興味・関心

- 恐怖のゲームが好き　Fへ
- タイムマシーンを作る　Hへ
- 人を笑わせる　Hへ
- 人を脅すのが好き　Fへ
- 新しいゲーム体験が好き　Hへ

E：仮に天国人がニートになったらどうなる

- 孤独なニート　Iへ
- 夢を持っているニート　Jへ
- 知り合いにたかるニート　Fへ
- 夢はないが趣味だけ行うニート　Iへ
- 家を建てるぐらいまで頑張るニート　Jへ

F：物を売るとしたらどんな考え方

- 拾った石でも高く売る　閻魔大王の手先
- お客さんには基本的に、商品知識がないと思う　Gへ

・接待から始めて相手の心を誘導、弱みを握る　閻魔大王の手先
・販売は基本的に好きではない　Ｇへ
・お客様は神様だと考える　Ｉへ

Ｇ：医療・健康関連に関する考え方
・末期患者を何とかして天国に送ってあげたい　中間界の人
・金にならない治療はしない　Ｈへ
・生命の価値はどんな人も同じで平等だ　中間界の人
・未来の医療はロボットが行う　Ｈへ
・病気にならないように気を付ける　Ｈへ

Ｈ：あなたが住むところを考えるなら
・家の建築は部下に任せる　Ｊへ
・未来都市の居住カプセルのような家に住む　Ｉへ
・家は平凡でも普段の生活での使い勝手のよいものがいい　Ｊへ
・スイッチ一つで家の全てが操作できるのがいい　Ｉへ
・海の上に家を建てる　Ｊへ

I：環境に関する考え方

- 環境の資源は使い切って、無くなれば移動する　閻魔大王の手先
- 野菜は農薬を多く使っても売れればよい　独房の闇奴隷
- 環境の資源は無くなるし、回復の行動はせず成り行き　独房の闇奴隷
- 環境のことは世界全体を見て、その利用方法を考える　中間界の人
- 温暖化問題の対策のために植林をする　中間界の人

J：天国人に最も近いと思う仕事の考え方は

- 政治を行い、軍備を充実させて悪なる勢力を排除する　天国の待合室
- どんな分野でも自分が宇宙一だという仕事をする　天国の待合室
- 重要なことは他人には任せられない　天国人
- 自分の仕事は世界にすべて繋がっていて、自分こそがその中心だ　中間界の人
- 仕事はしばしば手を抜く　天国の待合室

・天国診断内容

天国人
天国待合室の人
中間界の人
閻魔大王の手先
独房の闇奴隷
永遠の地獄

以下に上記６段階の霊界について詳しく説明します。

・天国人

天国は男女ペアとなって入るところです。

男も女も一人ひとり異なった個性を持っています。この個性は互いに反目しあうのではなく、周囲と調和をしながら人間集団を形成しています。その集団の最小単位が家族と言えるでしょう。家族で一緒に暮らしていると、毎日顔を合わせるので、あたかも空気のように感じてしまうかもしれません。しかし、家族の一人ひとりは決して欠かせない存在です。

社会においても同様のことが言えます。普段は目立たずあたかも空気のような存在である人の中に、いざというときに本当に頼りになる人がいます。困っている人を助けたり、力になってあげたり、心配りをしたりする人です。さらに心が豊かで人を愛する気持ちに満ちていて、いつも笑顔を絶やさず、ユーモアもあるといったキャラの人もいます。

天国の霊界人は、その人でなければならない能力を持って地上の人を心配しています。人のために尽くすということが自然にできる人です。それでもいつも謙虚でいて、まだまだ自分は足りないと思ってさらに尽くす人です。自分自身の良心と話ができるので、他人の心の痛みや悲しみや苦しみが分かる人です。

・天国の待合室の人

天国の基本は、夫婦（男女）が家族とともに入るところなので、先に霊界に行った方が待合室で伴侶が来るのを待っています。

妻が先に霊界に行ったのなら、夫が来てから一緒に天国に行きます。ここは天国に入るための待合所、あるいは人格を完成してから天国に入るための準備場所です。そのため、ここには天国に入るためにいろいろなことを教えてくれる先生がいます。霊界・宇宙の法則など、とくに天国の原則に関する内容について詳しく説明しています。

ここには良心家の人や自分のことのように他人を思いやる人、仕事一途だったが人の役に立ちたいと願って努力した人、そういった人たちが来ます。

・中間界の人

ここに入るのは天国の待合室に行けなかった人たちです。

本人は人に迷惑をかけていないと思っていますが、自己中心的で自分さえよければいいという考え方をします。人から嫌われるように行動しているわけではないのですが、結果的に人から疎外されていきます。人助けをすることもしません。自分では良心的に生きてきたと思っている人でもこの中間界の住人は多いです。子供に教育は施し、時々遊園地に連れて行って遊んであげて、大学までは卒業させ、独立させるまで仕事や家事は普通に行なってきたという人。美味しい物を食べたり、すてきな服を選んでみたり、自分を美しく見せるためにエステに通ってみたり、そうした日常を過ごしてきた人たちです。

・閻魔大王の手先

閻魔大王の手先の霊界は比較的軽い犯罪の人達でつくる霊界です。

麻薬に手を出した人、うそつき詐欺師、人から財産を奪った人、脱税などの不正で財を築いた人、家族に虐待行為を行った人、不平不満ばかりを持ちながら人生を終えた人、人を信じることができず裏切り続けた人、人を呪って毎日過ごしてきた人、心の中に負債を抱えたままそれを解決することなく霊界に行った人などが、ここにやってきています。ここはうす暗く視界が遮られているので、住人の姿はほとんど見えません。「苦しい、辛い」といったうめき声や、苦痛に耐えかねた人の発する悲鳴などが聞こえてきます。体は土の中に埋まっていて、頭だけ出ている状態で自由に動けない人もいます。そのような人は、他の悪霊人に顔を蹴られたり踏まれたりされています。

・独房の闇奴隷

この霊界に行く人は宇宙の法則に反したばかりでなく、宇宙そのものを破壊してきた罪人です。

淫乱、不倫、公金横領、殺人など、宇宙の法則からはずれた行いをしてきた人たちです。この世界の住人は地上で美男美女であったとしても、魂が歪んでいるので、人間の形をしていません。顔も見られたものではなく、独房のようなところに入って毎日を過ごしています。不倫で人を傷つけた人は、絶えず同じような苦しみを受けます。殺人を犯した人は何度も殺されます。しかし霊人は死んで消滅することはないので、殺される苦しみは続きます。拳銃で殺人を行った人は毎日のように拳銃で撃たれ、刃物で殺人を行った人は刺され続けます。

・永遠の地獄

ここは自殺者が行く霊界です。なぜ自殺者が最も低い場所なのでしょうか。自殺は自分を殺す殺人行為です。人を殺すことは宇宙の法則に反することです。しかし自殺は、殺人の他に自分自身の生命を勝手に扱う行為でもあります。生命は天から頂いたものです。

その生命を粗末に扱って地上から消滅させてしまったのならば、地獄のさらに下の世界に行きます。それがこの永遠の地獄の世界です。霊能者も自殺者ばかりはどうすることもできないと言います。自殺者は人の生命を軽く見ています。もし生命の価値を理解し、重要視していれば、自殺の道は決して選ばないでしょう。自殺をすれば自分は消滅して苦しみから解放されると考えるのでしょうが、そうではありません。実際は全く反対で、地上で受けたものよりさらに大きな苦しみを背負わなければなりません。

（注）閻魔大王の手先や独房の闇奴隷といったものは、分かりやすくするための便宜上の名前で、実際はこの名称で呼ばれているわけではありません。現在、霊界は天国と地獄の二種類しかありません。

■霊界の説明書

次に、霊界について具体的に説明をしていくことにしましょう。

・説明書1

今までにだれも霊界を正しく伝えていなかったので、地上の人には良く分かりませんでした。そもそも霊界が存在すること自体に疑問を投げかける人もいます。

霊界はいい加減な世界ではありません。地上で起こっている諸問題を根本的に解決するには、霊界を知らなければなりません。

現代の科学は目覚ましい発展を遂げています。しかし霊界についての研究は、遅々として進んでいません。そのため、日々発展していく科学技術を人間が本当に喜びとなる目的のために用いることが十分にできないでいます。世の中の多くの人が、「霊界など知らなくてもよい、霊界のことを信じている人に任せておけばいい」と考えているため、心の問題の解決が遅れています。

最先端の科学を突き詰めていくと、最終的には「目に見えない意志がある」というところまで来ています。そこで誰でも霊界を正しく知ってほしいと思ったのが、私が霊界を研究しこの文章を発表した理由なのです。

霊界は地上世界の常識が通じない世界です。地上で為すことのできるすべてのことが霊界でできるのみならず、地上では不可能な多くのことが、霊界においては実現、実行できます。すなわち霊界は地上世界よりも、すべての点において先を行っているということになります。ですから、霊界を詳しく知れば、地上世界の一歩先のことを知るのも可能なので、地上と宇宙の関係をも正しく知ることができるのです。

・説明書2

説明書3からは、以下のA、B、Cに従って、次に進んでください。ただし、興味のある方は順番に読んでくださってもかいません。

A：身近に亡くなった人がいてその人が夢に出てきた体験がある人　↓「説明書5」へ進んでください。

B：病気をしたり、熱でうなされたりしたときに、今私たちが生きている世界と違う世界を体験したという人　↓「説明書5」へ進んでください

C：夢も見ないし霊界があるということも信じていない。ドラマや物語で出てくる死後の世界の話は、まったくのフィクションだと思っているという人　↓「説明書3」から読んでみてください。それでも霊界を信じられないようでしたら、その後は読まなくてもか

まいません。

・**説明書3**

霊界に関する質問の中で多いものについて取り上げてみます。

質問1：最近霊界という言葉を聞いたり、アニメや映画テレビドラマなどで耳にしたりすることがあるが、どのようなものかよく分かりません。

答：アニメやドラマなどで表現されている霊界の様相は、あくまで想像上のものです。実際の姿とは異なっています。なかには全くかけ離れて表現されていることもあります。でも「霊界」という言葉が多く用いられることで、今まで見えない世界を知らなかった人たちが、霊界に注目するようになったというのも事実です。

ですから、それらのフィクションが多くの人の関心を引き起こしたという点では、役立ったと言えます。人間に心と体があるように、自然界にも地上世界と霊界があり、心の延長の世界を霊界と呼んでいます。体は、地上での生命が終われば滅びますが心、魂は永遠なので、永遠の世界である霊界に行きます。

質問2：人間は死んだら天使になるのではないですか？

答：人間と天使を一緒に考えたり、あるいは天使が人間より優れた存在であると考えたりする人がいますが、それは間違いです。この宇宙を創られた存在、創造主（神様）がいるとしたら、人間は創造主の子供という位置にいます。しかし、天使は創造主の使い、もしくは僕《しもべ》として作られています。天使は自然、万物と同じ立場の存在であり、賛美者です。その点については霊界の様相を理解すれば、はっきり分かります。

質問３：人間が死んだら天使が迎えに来るのではないですか？

答：霊界は心の延長の世界です。人が亡くなって魂になると、自分自身の意思で霊界に行きます。例外はありません。「霊界には天使に連れて行ってもらう方が楽だし道に迷うこともないのでは？」と思う方もいらっしゃるでしょう。しかし、そのようなことはありません。人間の魂は霊界の中でも最も居心地のよいところに行きます。心が愛に満ちて穏やかであれば天国、そうでなく恨みや怒り、苦しみばかりであれば、天国の空気にあわないので自分自身で地獄を選びます。天国よりも地獄のほうがむしろ本人にとって居心地がよいからです。

質問４：なぜ人間は悪を行うのか、霊界とは何の関係があるのですか？

答：霊界を研究していくと、人間は善から出発したのか、悪から出発したのか、いったいどちらなのだろうという疑問が出てきます。多くの宗教や哲学の見解では人間はもともと善に生きるようになっていたとされています。では、なぜ現実の世界には悪が存在しているのでしょうか。宇宙の創造主がもともと悪なる要素を持っていたのでしょうか。当然そうした疑問がわいてきます。

天国は心が愛に満ちている人の世界です。霊界はそのようになっています。しかし地上世界や自分自身の心の中には善と悪が共存しています。少しでも気を抜くと、心は悪なる方向に向かってしまいます。悪に向いた方が楽であることが多いからです。

では、悪はもともと人間の心の中や、世界のいたるところに最初から存在していたのでしょうか。霊界を研究していくと悪というものは後天的に出現したものであるという考え方に至ります。それも人間が出現した最初の時期に、偶発的な事故によって悪が生じたという結論になります。前述したように聖書では失楽園の物語として書かれています。

人間は、本来悪を退け幸福になりたいという願望を誰しもがもっています。そのことは歴史の事実が証明しています。

・説明書4

皆さんが家を持ちたいと思えば、自分で家を建てるのではなく、家屋の建築を専門とする人たちに依頼するでしょう。おいしい料理を満喫したいのなら、すぐれた料理人のいるお店に行くでしょうし、おいしいスイーツを食べたいのなら、腕のいい職人のいるお店を訪ねるでしょう。その道のプロに頼めば間違いなく満足な結果を提供してくれるからです。

それならば、霊界にもその道のプロが必要です。霊界のことを知れば、霊界人が地上人に優れた知識や技術のヒントを与えてくれることや、なぜ地上での生き方が大切なのかが分かります。

もちろん、地上人が日々努力を続けていることが前提となりますが、そうした努力の積み重ねがあると、ある日突然、新しいアイデアが浮かぶことがあります。それを、インスピレーションとか啓示とかひらめきなどと言っています。霊界とのこうした素晴らしいつながりを持ち、交流が自在にできるようになればどんなに素晴らしいことでしょうか。霊界に関心を向けることによって地上での生き方や考え方が大きく変わります。そして、誰でも永遠の世界天国に行くことができるのです。

・説明書５

宇宙の法則は存在する物のほとんどがプラスとマイナス、雄と雌、男と女など陽と陰の関係になっています。

人間社会においては男と女が結婚して家庭を築き、子供を立派に育て上げみんなで社会に貢献するようになっています。喜びを持ち、日々「ありがとう」と感謝する生活こそが天国生活であるということができるでしょう。人は自分一人で生きることなどできません。多くの人たちとの関係を持ち、また自然万物、宇宙との繋がりを持ちながら生きています。

このように考えていくと、私たちは「生きている」というよりは「生かされている」と言ったほうが、的を射ているかもしれません。ですから、天国に至る原則は、その事実をごく自然に感じて地上で行動し、その延長で霊界に行けば天上天国の住人となります。そして天国では家族が共に過ごします。例外はありません。

■天国に入るための12の法則

天国に行くためには、さらに、天国に入るための12の法則があります。言い換えれば「霊界の12の原則」ともいえるでしょう。

その原則を詳しく説明しましょう。

■霊界の12の原則

①天国は男一人女一人では行けない。男女ペアで入るところ

果てしなく広がる極大の宇宙も、肉眼では見えない物質の最小単位である極小の素粒子も、

プラスとマイナスになっています。自然界を見ても植物はおしべとめしべからなっているし、動物はオスとメスで構成されています。そして、人間を見ると男と女からなっています。

中国の古代哲学では、陽陰と表現されますが、なぜ宇宙の全てのものが、陽陰のペアになって存在しているのでしょうか。進化の過程で偶然になった、と考えるのは無理があるように思われます。偶然ではないとすれば、何か意思の力が働いてこのようになったのではないか、と考えざるを得ません。そう考える方がむしろ科学的です。

宇宙、自然、すべての存在物は明らかに原因ではなく結果です。

では霊界はどうなのでしょうか。霊界も創造された結果の世界であり、創造主（神様）の青写真通りになっています。天国を含む霊界は、心の延長の世界です。地上が男女のペアとなって存在しているのなら、霊界も男と女がペアになっていることになります。そうでなければ霊界は存在することができないでしょう。

人間が地上の生活を終えたとき肉体は滅びますが、肉体を離れた魂は永遠に存在するようになっています。その魂は霊界において永遠に生きるため、創造主自身の中にあって、男女のペアが一体化して住むようになります。

これは、２０１５年4月5日、私の心の中に幻のように語りかけられた内容です。それ以前から私は霊界と天国はどうなっているのか、ずっと気になっていました。それに対する答えをそのときに知らされたのです。

男女がペアで永遠に生きることは宇宙の原則です。「この世界を創った私の中に、男と女の性格が一つになって熔けている。私の中の男を表しているプラスと、女を表しているマイナスを全ての要素に共通のものとして、宇宙自然界を創った。だから霊界に帰ったなら、分かれていた物が一つに合わさって、私の中で一つにならなければならない」と霊界では話しています。

ですから霊界では、男でも女でも、それぞれ一人だけでは幸福になることができない仕組みとなっています。

②天国は地上で人格、愛を完成した人が入るところ

私は霊界を研究して39年になりますが、人間はどうして地上で生きて、その後に死んで行くのかを疑問に思っていました。自分が生まれたくて生まれてきたのではなく、気がついたら自分がいて、周りの世界が存在していたのです。

そして、世界について考えてみると、世の中は、大は戦争から小は夫婦の諍いまで、争いごとに満ちあふれています。

生まれたときから恵まれない境地のまま一生を過ごし、誰にも顧みられずボロ雑巾のようになって死んで行く人がいれば、大金持ちとして一生を何不自由なく暮らして生涯を終える人もいます。世の中はなんと不平等なのだろうと感じていました。

しかし霊界を研究していくうちに、これは何か違うのではないか、と考えるようになりまし

た。歴史上の人物、いわゆる聖人とか英雄などと称される人に目を向けると、人々の幸福を願って深く祈ったり激しく戦ったりしました。このような人たちは迫害されることが多く、中にはそのために命を失った人もいます。彼らはなぜ迫害されなければならなかったのか、そして、彼らは霊界でいったいどのように暮らしているのでしょうか。

私がイエス様の夢を見たときの経験についてはすでに述べました。ところで、イエス様は聖書の中では「愛の人」として描かれています。

「あなたの敵を愛し迫害する者の為に祈れ」とか「汝、右の頬を打たれれば左の頬もさしだせ」という言葉も残しています。

ではイエス様はなぜそのような教えを説き、愛を強調されたのでしょうか。私はそのことをずっと疑問に思っていました。そしてまた、イエス様は霊界でどんな活動をしていらっしゃるのかと考えていました。

30年以上前に私が通っていたキリスト教会が主催する聖書研究会のあと、そこで知り合った友人に誘われて、本屋さんに行きました。1981年10月1日のことです。そこで、聖書に関するある本を手にしたとき、心の中に何か語りかけてくる声を感じました。

誰かが「天国は愛の人が住むところだ。この地上で愛の人になりなさい」と言っているようでした。

もしかするとその声の主はイエス様だったのではないか、と思いました。イエス様なら、この地上で愛を伝えてくださった方なのだから、霊界でも愛に満ちた人となっているに違いない、と私は確信しました。

初めて霊界の天国の様子を夢で見たときも、天国は愛の空気で満ち溢れている世界でした。愛の分からない人が、天国世界の愛の空気を呼吸するのは困難です。それで地上で天国に入る訓練をして、「愛の人」となっていなければ天国に行くことができないのだ、と実感したのです。

「愛の人」（愛を完成した人）とは、自分のことを後回しにしたとしても相手を優先して真心を尽くせる人のことです。自分の事情ばかり主張して、わがまま放題に振る舞う人に対しても、「その人がもし自分の子供だったら」と考えて許すことができる、親のような気持ちになれる人です。

世界の全ての人々を大切に思い、自分の兄弟姉妹のごとく思える人です。広い心を持ち、決して人を怨んだり憎んだりすることをしない人が「愛の人」なのです。

③天国に入るには、地上で良き行いの生活が人生の半分以上であること

地上で良心的に生きた人もそうでない人も、高い世界に行くか低い世界に行くかは、その人自身が選ぶのです。心の延長が霊界ですから、そうならざるを得ないのです。閻魔様や審判者が選別して行き先を決めるのではありません。

霊界人の中には赤ちゃんのときや子供のときに亡くなり、成人になる前に霊界に行った人もいます。事故や病気などで、人生をまっとうすることができず、善行を積むための機会にすら恵まれないまま霊界に行かざるを得なかった人、ということになります。

そのような人たちには、いったいどのようにして天国への道が開けるのでしょうか。もちろん悪行はしていませんが、良い行ないをすることもできなかったのです。

大丈夫です。救済の道は開けています。そうした人の場合は、天国の待合室で成長して、天国に入って行くことができます。

２０１５年５月に私は霊界学に関する様々な情報をまとめる作業をしていましたが、その期間に「どのような人が天国人なのか」という疑問を持ちました。直後私は、天国の待合室で子供が育てられていく様子を夢で見ました。

天国の待合室は、地上の街並みとほとんど同じ形をしています。ここに来た赤ちゃんは保育室にいました。保育士の仕事をしている天使が、養護施設のようなところで見てくれています。ここでも子供の成長には、愛が欠かせないのは言うまでもありません。

子供をなくした親御さんなら、いつも子供のために祈ってあげることが大切です。そうすれば、子供は地上で善行を積んだことになり、霊界での成長が速くなります。

幼少期に霊界に行った人以外、すなわち地上では長生きした、あるいは長生きとはいえないまでも善に生きたかどうかの結論が分かる人も、天国の待合室で愛を完成する訓練を行ないます。

地上で半分以上の期間善なる生活をしてきた人は、天国の待合室の住人になっていますが、地上で悪の生活を多く行なってきた人は、この待合室では居心地が悪く、自ら低い霊界に行きます。待合室に居続けたいと願っても、そこの空気を吸うのが苦しいので、自然に低い霊界に移動せざるを得ないのです。

地上界は不法入国者は強制的に追い出されますが、霊界では誰かが強制的に追い出すということはありません。しかし、そのような人が天国人となるのは実際にとても大変困難なことです。

悪の生活とは、地上界での法律にふれる犯罪行為を行なうことだけではありません。人を怨んだり、憎んだり、嫉妬したり、人の幸福を妨げたり、あるいは人の不幸を喜んだりする思いを持ち続けるのも悪の生活です。

こうした思いのほとんどは、地獄の霊界と直結します。

さらに問題は、その思いや行為の影響がそれを思い行なう人だけにとどまらないことです。地獄にいる人の悪なる思いが地上人の心に取り憑き、その人の行動にも大きな影響を与えるようになります。このとき、地上人に取り憑いた悪霊人も取り憑かれた地上人も、その行為の結果によって、ともに悪因悪果の積み重ねをすることになります。

溺れた人が苦しくて近くの人にしがみつき、二人とも溺れてしまうのに似ています。ただ違いは、霊界の作用は地上人の側に、縁戚関係とか地縁とか同じような境遇にあるとか、何らかの取り憑かれる理由があることとです。ですから、地上において恨みや憎しみの心はできる限り持たないように生活し、善なる心で、天国と通じるように毎日を過ごすことを心がけるべきだといえるでしょう。

④天国に入るには、霊界の原則、霊界の仕組みをはっきり理解すること

生きていてもあまり良いこともない、毎日生活に追われて疲れてしまった、何をやってもうまくいかなかった、人から悪口を言われたり無視されたりして辛い、などなど様々な不快な気持ちは誰でも経験をしたことがあるかと思います。

このようなことを多く経験すると、人生なんか意味がないのではないか、そもそもみんないつかは死ぬし、死んだらすべてが終わりではないか、だから正しく生きようが悪く生きようが同じことではないか、と考える人がいるかも知れません。

でも、もしそうならば、人間はなぜ存在しているのでしょう。人は苦しむためだけに生きているのでしょうか。

私は子供のときから霊が見えていたので、そのような疑問を若いころから持ち続けていました。霊が見えるというと、一般には分からないことが分かって良いことがあるだろう、と思われるかも知れません。でも、実際には辛いことの方が多いのです。

というのは、霊を見たことを人に伝えても信じてもらえないし、ときにはうそつき呼ばわり

もされます。

人の背後についている霊が分かるので、その人が善に近い人か悪に近い人かも、すぐに分かります。悪なる人の霊は醜く、その人が私の近くにいたりするとそれだけで気分が悪くなります。

そんなわけで私は、いろいろな人からいじめられたり、嫌がらせを受けたりしていました。そして、中学2年のときには自殺未遂をしたことは序章でも書きました。手首にカミソリを当てて切ろうとしたそのとき、心の奥から「待て」という声が聞こえました。

その心の声と同じ声を再び聞いたのは、1988年にお見合いをして、結婚することになったときです。結婚式を終えた日の夜に私は夢を見ました。

その夢の中で「こんな幸せをお前にあげたかったのだよ」という心の声が聞こえました。その声は中学の自殺未遂のときに聞いたのと同じものでした。

「人間は幸せになるために生まれてきたんだ。だから私も幸せにならないといけないんだ」という強い思いが迫ってきて、泣きました。心に語りかけてきた声の主は、私が幸福になることを強く願っているのだ、と実感しました。

存在の全ては、人が喜びを得るため、幸福になるためのものなのです。霊界の法則は突き詰めていくと単純です。すべては愛を目的としているということなのです。

愛の種類には、夫婦の愛、親子の愛、兄弟姉妹の愛というものがあります。その中でも宇宙を存在せしめた神様と人間の関係に該当するのは、親子の愛ではないでしょうか。私がまさしくそのように感じたのは1991年8月に長男を出産して、初めて赤ちゃんをこの手に抱いたときでした。

その感動は今でも忘れません。霊界も愛の原則によって成り立っている世界なのだということを実感した瞬間でした。

⑤霊界がわかれば死んで終わりではなく、霊界の人といつも一緒の生活ができる

「霊界のことなど分からないし、知りようがない。知っても意味もないことだ。そもそも霊界なるものが本当に存在しているのか」

そんな考えの人はとても多いようです。

では、なぜお墓などあるのでしょうか。亡くなった人を埋葬したり遺骨を置いたりしますが、人が死んだらすべてが終わりになるのであれば、お墓など必要ないはずです。死者のためにお墓を造ってあげ、故人を偲んだり、冥福を祈ったりするのは日本に限らず、世界中で行なわれていることです。

国や地域、宗教によって形式は異なっても、人は死んだらすべてが終わってしまうのではない、ということが、心の中では分かっているのではないでしょうか。

私たちが住んでいる日本でも昔から、お墓は深く生活と結びついていました。お盆やお彼岸、

故人の命日などお墓参りを欠かさずする風習があります。私自身お墓参りにはよく行きます。結婚してからは、夫がお墓参りに行けないときなど、長男と一緒に行っていました。

ある時期、私は忙しくてお墓参りになかなか行けませんでした。しかし私の知らない間に、長男が一人でお墓参りをしてくれていました。大学に合格したとき、大学を卒業して就職したとき、お墓に眠るおじいちゃん（私の義父）に合格、就職の報告をしてきたというのです。長男には先祖供養のことなど詳しく話したことはないのに、自分の意思でお墓に行ってくれていたのでした。

人が死んだらすべてが終わるのではないということは、死者を弔う風習だけがその根拠となるのではありません。仮に死んだらすべてが終わってしまうのであれば、どんなに不正や悪事を行なっても、人にばれさえしなければ全てよし、ということになってしまいます。反対に人の為に尽くしたり、善い行ないを心がけたり、正しい世の中を作って行こうとするすべての労力自体が無意味なものとなります。

私は幼少期から学生時代まで、霊が見えていました。中には、幽霊ならばまだしも、人間の形をしていないこともあったので、とても恐ろしかったのです。今は意識しないと霊は見えません。仮にすべて見えてしまえば悪い人の醜い心の姿を毎日見ることになり、精神が参ってしまうでしょう。

ただし、霊が見えたことで良かったこともありました。それは私の祖母が亡くなったときのことです。

小学校のころ、大好きだった祖母が亡くなりました。亡くなったその日に祖母は私の前に現れて、にっこり笑っていました。その出来事は今でも忘れません。

霊界は、良く分からない世界です。霊界のことを述べている私でも、知っていることはほんのわずかです。しかし、一つだけ確実に言えることは、霊界は間違いなく身近に存在しているということです。

いつか、霊界の光景がテレビのように画面に映し出される時代になれば、素晴らしいことだと思います。でも今はそのようになっていません。その理由は技術的なこともありますが、それ以上に、今は悪なる霊界人があまりにも多いので、そのような機器はまだ世の中に出ない方が良いからなのです。

霊界人、とくに先祖など自分とつながりのある霊人は、私たちの近くにいます。そして私たちを見守り、共助してくれています。先祖の共助がうまくいけば、地上人ばかりでなく、霊界人も幸福になります。彼らは自らが幸せになりたいと願っているし、同時に子孫である私たちに対しても幸せになることを願っているのです。

⑥霊界は地上で為された通りに反映する

人間は善なる存在として地上に生まれたはずですが、人類始祖の犯した罪により悪の心を持ってしまいました。その後人間の数は増え続け、現在は77億の人が地上に暮らしています。1年間に約5760万人が亡くなり、その中の大多数は地獄の世界に行っています。今まで亡くなった方は数えきれないくらいいますから、そこから推測すると、地獄で暮らしている霊人の数は見当もつかないほどです。

宇宙、霊界を創造された神様は、人間、万物、天使をも創造されました。では地獄や悪魔はだれが創ったのでしょう。それらは神様の創造によるものではなく、人間の犯した罪によって偶発的に生じてしまったと考えられます。

神様は、人間を含めて、すべてが善なる目的をもって存在するという理想を持っていました。しかし、実際には悪なる存在が生じてしまったため、地獄が生じました。地獄を構成しているのは、悪霊人、悪魔（天使の中で悪なる側に向かってしまった者たち）です。悪魔は地獄の霊人達の苦しみや憎しみの心を糧としながら勢力を拡大し、神様に対する反逆を続けています。しかし、悪魔の好き勝手放題の行為を神様は放置しておかれるでしょうか。そんなことは決してありません。それで、神様は人間の中のより善なる立場に立つ人たちを用いて、人類を救うための働きかけをしてこられました。

善と悪が戦いを繰り広げてきたのが人類歴史そのものですが、歴史の中で先に攻撃を受け、血を流すのは善なる立場に立つ人たちでした。しかしその犠牲を通じて多くの人の心を動かし、悪を従わせるという方法で善なる勢力は盛り返してきました。

現在、地上では人間同士いたるところで争っています。その中で最も顕著な争いは国と国との関係において生じています。

神様の理想とした世界は、国境のようなものは存在しない一つの国でした。国家間の争いや国境を作ったのは悪魔です。現在も地上には国境がありますし、つい最近まで霊界にも国境は存在していました。地上の出来事は霊界にそのまま反映するからです。

しかし、近代になって科学が発達し、世界中の情報がすぐに知れ渡る時代になりました。今まで迫害されていた人たち、虐げられていた人たちの中から、自由平等を求めて立ち上がる人が多く出ました。

とくに20世紀にそうした人たちが世界を変えていったのです。そして、世界を一つにしていこうという組織、国際連盟さらに第二次大戦後には国際連合が創設されました。

今の国連は国家間のエゴイズムによって動くことが多く、まだまだ問題は多いのですが、それでも、世界が人類一国家に向かっていることは疑いの余地がありません。

ですから、地上での全世界一国家の実現に先駆けて、霊界の国境は撤廃されていったのです。しかし、まだ完全に国境が消滅したのではなく、人間自体が心に国境のような壁を作れば、霊界にも再び国境が生じるでしょう。

地上人の思いや行動は霊界に直結し、霊界の様相に反映されます。それで、地上での私たちのあり方こそ重要なのです。今地上で起こっているさまざまな問題も、人々が心の底から善なる世界の実現を望み、行動するなら、必ず解決していくはずです。時代がそのようになっているのです。天国人や善なる天使たちが地上に働きかけて、私たちに力を与えてくれています。みんなが信じて願えば、平和はかならず実現します。

⑦天国とは夫婦、家族が永遠に一緒に楽しく幸せに暮らせるところ

男一人、女一人だけでは天国に行けないので、一人の場合は天国の待合室（楽園）で待つことになります。

そこで相手が来るのを待ったり、あるいは自分で相手を探したり、紹介してもらったりしています。ここで永遠の夫婦となる人が見つかると、晴れて二人一緒になって天国に行けることになります。

２０１３年11月14日に見た夢で、私は天国の待合室にいました。

ある場所に一人の女性がいて、その方は私の知人である加藤さんの奥さんのようでした。加藤さんは私が長くお世話になっている方で、７年前に奥さんを亡くされています。数日後に7回忌の法事のあることは知っていたのですが、私は行く予定にはしていませんでした。女性は、私の方に目を向けると「あなたのことは知っています。大変な仕事をしてくださっていてありがとうございます。疲れているでしょうから、温泉にでも行ってゆっくり休んでくださいね」とおっしゃいました。

そんな夢を見たので、私は７回忌に行き加藤さんに夢のことを伝えました。夢に出てきた女性の顔形、服装、お花畑に咲いていた花の種類、私が感じた印象などについてお話ししますと、加藤さんは「まさしくその通りです。それは家内です」と大変驚いた様子でした。

私が「奥様は霊界では大変お元気そうでした」と話しますと、加藤さんはほっとした表情をされました。

「妻は生前ずっと病気で苦しんでいたので、それを聞いて安心しました」と喜んでくださいました。私は加藤さんの知り合いですが、奥様とは生前一度もお会いしたことはありません。加藤さんは霊界の存在を信じてはいても、それを感知はできませんので、奥さんが霊界でどのような暮らしをしているのか全く見当がつかず、ずっと気になっていたそうです。

「霊界では夫婦家族一緒に幸せに暮らすようになっている、と奥様が言っていましたよ」と加藤さんに伝えると、加藤さんは納得した表情になりました。加藤さん夫婦もやがて天国に二人で行き、幸福な霊界の住人となるに違いありません。

⑧霊界は現実世界と一つになっている。それは人間が心と体で一つであるのと同じ

地上で生活している私たちは、とくに悪いことをしていなくても、心が悪なる方向に向かってしまうことがあります。人間の中に善なる心と悪なる心が同時に存在するという、矛盾した状態にあるのが現実の人間であるといわざるを得ません。

友人や家族、お世話になった人、自分に良くしてくれる人など、好きな人となら一緒にいて苦にならないのに、嫌いな人だと気分が悪くて我慢できないでしょう。そんな人は避けたいし、会いたくないし、できればこの世からその人が消えてしまうことを願ってしまいがちです。

私も、そのような思いになったことは何度もあります。幼少から小、中、高校生まで、私は人から気味悪がられていたということは前に触れましたが、その上に私を明らかに嫌っていると思われる人がクラスメートの中にいました。たびたび嫌がらせを受けたこともあります。

そんなことが続いて、私は強い自己嫌悪感を覚えるようになり、自分自身が嫌いでした。心は正しい行ないを願っているのに、体は心の願うように動けない。そんな自分に矛盾を感じていたのです。

重苦しい悩みを抱えながら高校生活を送っていたある日、校内でのトラブルに遭遇しました。私のクラスメートが不良グループの女子たちに囲まれ、暴言を浴びながら体を小突かれているところを偶然に目撃してしまったのです。いじめが行なわれているのは明らかでした。でも、彼女とはそれほど親しくはなかったし、不良グループは恐ろしかったので、できれば関わりたくないととっさに思いました。

そのとき、心の中から「助けてあげなさい」という声が聞こえてきました。私は後で不良にからまれるだろう危険を冒し大急ぎで先生を呼びに行き、彼女を助けました。それにも関わらず、その後、彼女は私が助けてあげたとは思わなかったのか、あるいは意図して忘れようとしたのかは不明ながら、私に対して何のお礼の言葉も無かったのでした。

この体験を通じて私は「人は自分に対して悪行をした相手のことは覚えていても、良くしてくれた人のことなどすぐに忘れてしまうものなのだ」ということを知りました。

その上、自分自身にもそんな彼女と同じような面があることが分かって、二重に不快な思いに悩みました。

人はやはり心と体が一つになって、善なる目的に向かわないといけないのだ、と改めて思うようになっていたのです。そのような思いを持ちつつ学生生活を終えて社会人となり、「人は心と体が一つになるべき」と実感する出来事がありました。

１９８１年私が前述の聖書研究会にいたとき、同会メンバーの西川さんが「今度ある著名な学者が来日して、講演会をするの。その人の話は滅多に聞けないから一緒に行ってみない」と私を誘ってくれました。

西川さんが私を連れて行ったグループでは、聖書やキリスト教だけではなく、その他多くの宗教に関する研究もしていました。その日の講演者は、諸宗教、経済学、過去のさまざまな思想、そして霊界のことまで驚くほど広範囲な分野にわたる知識を持つ学者でした。その方は医師でもあり、人間の死というものに目を向けるようになって、霊界のことを知りたいという思いを強く持ったのだと話していました。

彼がそのため最初に実行したのが1週間の断食でした。７日間を終え「なにも起こらなかったな、だめだったか」と思いつつ、断食明けの食事に箸をつけようとしたその瞬間、魚が「お前には食われたくない」といってきたのだそうです。

その話を聞いて私はとても驚きました。私は「霊界ってなんて面白いんだろう」と実感し、講演会の後、西川さんに相談して1週間の断食をすることに決めました。

断食を始めて3日目に異変を感じました。空腹でないときは体と心はどちらが主でどちらが従なのか分かりません。肉体的欲求が強いか、意志の力が強いかです。

断食中のこのときの感覚は、明らかに心が主体になっているように感じました。心の動くままに体もふわふわと宙を舞っているような感覚を味わったのです。私はこのときの体験を通じ、心の延長である霊界がまさに人間を支配しているのだ、と確信しました。

それから、かなりの年月が過ぎた２０１２年８月31日、私は夢を見ました。内容は現実世界と霊界の一体化に関することでした。その夢は地上と霊界が完全に一つとなっていくものです。バラバラになって秩序を失っていた世界が徐々に修正されて、まさに完成する「時」がきたと思える夢でした。

それはあたかも、ジグソーパズルの最後の一片をはめ込んだような感じでした。

これは同時に「人間の心と体は本来一つ」になるべきであることが、夢を通じて私に知らされたものでした。

人間の心と体が本来一つということを知るためには、まず人間が地上に出現したときの状況を知る必要があります。本来の人間が創造主によって生み出されたときには、善なる心に従って体が動き、心が願うとおりに行動することができました。しかしその後まもなくして事故があり、人間は正しい心の方向に従って生きていくことができなくなりました。

すなわち心と体が一つになっていない状態が、そのときから今日に至るまで続いている、といえます。これが霊界の大きな課題となっているのです。

⑨霊界と宇宙は一つである

霊界とはどのくらいの大きさがあるのでしょうか。私はかなり前からそのことを考え続けていました。現代の科学でこれまでに解明された宇宙の様相（仮説を含めて）について検証してみましょう。

私たちは地球に住んでいますが、宇宙全体はそれこそ計り知れないほど巨大なものです。ご存じのように、地球は太陽系の一天体にすぎず、太陽系も銀河系の数多くの恒星系の一つにすぎません。その銀河系もさらに数多くある星団の一つにすぎないのです。

そして光速でも数十億年もかかるところ、まだその情報すらまったく確認できない、はるか遠くにも宇宙は存在している、と多くの科学者は指摘しています。結論を申し上げれば「宇宙は果てしなく広い」ということです。

どうでしょう。もし仮に霊界が地球と同じ大きさだとすれば、時空を超越して飛び回れる霊人たちにとって、狭すぎてつまらないのではないでしょうか。霊界は地上界と表裏一体の関係にあるので、霊界は現実世界の宇宙と同じくらい、もしくはそれよりも大きいという結論になります。そのような無限の広さを持っているからこそ、霊界人はいつまでも飽きることなく永遠に暮らせるのです。

どんな美味しいものでも毎日同じ物を食べていると、飽きて美味しくなくなるように、天国や極楽というところに行ったら、楽ばかりしてかえってつまらなくなってしまうのではないか、と心配をする人がいます。でもそれは杞憂に過ぎません。それは宇宙と霊界の広さを考えてみるだけで明らかでしょう。

私は夜空の満天の星を見るのが好きです。最近都会では美しい星空は見られなくなりましたが、空気のきれいな山奥に行くと、多くの星が見られます。星を見ながら、「宇宙にはいったいどのような星があるのだろうか」と思いを巡らせていたときに、私はある夢を見ました。2014年1月のことです。

その夢で、私は地球を遠く離れてダイヤモンドの星に行ったのです。その星は丸ごと全部がダイヤモンドで出来ていました。もしそのとき、私が鉱山を掘削する道具か機械を持っていたなら、きっとたくさんのダイヤを持ち帰ったに違いありません。

ダイヤモンドの星は見渡す限りキラキラと輝いていて、とてもきれいでした。でも私は地球から遠く離れたところに飛んで来てしまっているので、すぐに戻らないと肉体から離れてしまいそうな気がしました。そこでダイヤを持って帰るのをあきらめて、地球に戻りました。地球に着いたところで夢は終わり、目が覚めました。

ダイヤモンドの星はその後、２０１４年４月27日に実際に発見されています。地球から50万光年離れたところにあるということでした。銀河系の外に存在していることになります。

最近霊界のことが地上人に明らかにされることが多くなりました。私の知人の中にも宇宙空間を飛んでいく夢を見た人や、霊界人の生活の様子を啓示で知らされた人がいます。今後、霊界が存在するという事実は、誰にも当り前の常識となっていくことでしょう。

⑩霊界は時間や空間を超越しているが決して宇宙の外ではない

霊界は時間と空間を超越した世界です。地上のような時間、空間がはっきりしている世界とは異なっています。

しかし、宇宙を創造された方の目的と意思によって成り立っていることに関しては、現実世界も霊界も同じなのです。ではなぜ霊界は、地上にあるような時間と空間の制約を超えて存在しているのでしょうか。その理由は、過去に生きた人たち、先祖や歴史的人物との交流を可能にするためです。

霊界に行った人たちは魂という形で存在していますが、もし霊界に地上のような時間の制約があったらどうなるでしょう。過去の人に会うことなどできなくなってしまいます。

私の父は１９９６年に他界しました。いろいろな思い出もあるので、できることなら霊界の父とは会ってみたいという気持ちがあります。

私に限らず、愛する人や肉親を亡くされた方の多くが、私と同じような思いを持っていらっしゃることと思います。

霊界は、過去の人も現代の人もみな、家族、兄弟姉妹として仲良く幸せに暮らすことができるようになるために存在します。時間を超えて過去、未来の人に会い、空間を超えてどんな遠くにいる人にも会えるのです。会いたいと願えば、聖人、愛国者、英雄、有名人にも会うことができます。

宇宙と霊界は一体となっています。人間に例えれば、心と体のような関係になっています。ですから、宇宙の外に霊界が存在しているということではないのです。

人の心と体は不離一体のものであり、心が人の体の外にあるということはありません。霊界と宇宙はそれと同じ関係にあります。

こうした表裏一体の関係にあってこそ、地上界と霊界が創造主の意思に従って、正しく機能するのです。創造主の意思はまさしく人間を喜ばせたいということです。それだけのために宇宙が創られたという事実は、私たち人間にとってなんと素晴らしいことではないでしょうか。

⑪霊界と死後の世界は違う

霊界は、人が地上での生活を終えたのち、肉体から離れた魂が行くところです。同時に霊界は、現実世界と表裏一体の関係になって存在しています。

ところで、皆さんの中には、臨死体験の話を耳にされたことがある方もいらっしゃるのではないでしょうか。私の知り合いの中にも死の淵まで行って意識を取り戻した人がいます。話によると、まさに生と死の境に自分がいる状態で、目の前に川があり、向こう岸は死後の世界、こちら側は生の世界だ、と感じたそうです。

そのとき立っている背後から自分の名を呼ぶ声が聞こえたので、振り返ると強い力で引き戻されたということでした。そうして意識を取り戻し、生き返ることができたのです。

私自身の体験としては、断食中にふわっとした感じがして、肉体から魂が抜けていきそうな感覚になったことはあります。でもそれは完全な幽体離脱とはいえないでしょう。

では「死後の世界」と「霊界」とは同じなのでしょうか、それとも違うものなのでしょうか。仏教で、「成仏する」とか「仏になる」という言葉があります。人が亡くなってから49日の間は地上をさまよい、その期間を終えたのちに魂が冥界へと旅立っていくという考え方に基づくものです。

亡くなった方の家族や親族が本人に、末期がんなどを告知せずに死ぬことを伝えていなかったり、不慮の事故や心臓病など突発性の病気で突然に命を失ったりした人は、すぐに霊界に行くことができません。

それでもある一定の期間、地上での自身の周囲に起っている変化を悟って、ほとんどの人は霊界に行くようになります。

亡くなった本人が自身の死を知り、その事実を受け入れるのにおよそ49日かかると言われています。こうしてほとんどの人は霊界に行くのです。

これが仏教でいうところの「成仏」です。

しかし、自分の死を受け入れることができない場合、この世の中に多くの未練を残して亡くなった場合など、死んでも霊界に行けない人もいます。

そのような人の魂は地縛霊として、地上に残ってしまうのです。とどまっている魂は何とか助かりたいという思いが強いので、近づいた地上人に取りすがり、その結果、同様の事故や病気をもたらします。地縛霊は地獄の霊界に行った人と同じように苦しんでいるのです。

つまり「霊界」と「死後の世界」は違うものなのだということです。そのことを知った上で、亡くなった方が地上に未練を残すことがないよう、遺族の方々は故人をしっかり供養して、霊界に送ってあげるよう心がけなければなりません。

では、どのようにすれば供養になるのでしょうか。供養は亡くなった方を霊界に送ってあげる一連の行為を意味します。具体的な例としては葬儀です。葬儀を行なうことによって亡くなった方は自身の肉体が滅びたことを自覚し、正しく霊界に行くことができるようになります。葬儀の他にも法事や墓参りが供養に該当します。
これらの目的とするところは子孫が故人を偲び、思い出し、亡くなった方の気持ちを安らかにし、そして冥福を祈ることなのです。

⑫霊界と地上の世界は神様の心情から離れて存在することができない

これまで具体例をあげながら、霊界と地上世界について述べてきました。そして、私自身いろいろと体験し教唆を受け、そして考えてみて、この地上と霊界を創造された神様が間違いなくいらっしゃるという結論に達しています。

「神様」といってもそれぞれの方が信じている宗教によって、認識やイメージは異なり、神様がどのような存在であるかのとらえ方は、世界中の宗教や思想の数だけあるといえるでしょう。

そのような多くの「神観」はありますが、私がどのように思っているかと聞かれたのなら、「限りなき深い愛を持ったお方」と答えるでしょう。

私が見る夢の中の温かな愛は、きっと神様がそのすべての根本となっているであろうと感じます。さらに、霊界を通して感じる愛の優しさ温かさは、夢の中だけでなく実際の現実世界の中でも体験しています。

それは２０１４年12月のことでした。私は職場を解雇され困り果てて、渋谷のハローワークを訪ねました。暮れも押し迫った時期でしたから、人々は皆せわしなく動いています。私は、このまま仕事が無ければどうやって年を越そうかと心配していました。さいわいハローワークの求人情報の中から自分にできそうな仕事を見つけ、担当者に相談する順番待ちをしていたそのときです。

私の右の方から「大変だね。だけど大丈夫だよ。これから呼んでくれる担当の人はとても親切だからね」という心の声が聞こえました。誰が話しかけてきたのかと思いましたが、その声は実際に耳に聞こえたのではなく、私の心の中に話しかけられたものでした。

もちろん声の主の姿は見えません。でもすぐそこに誰かがいらっしゃる、という実感があります。私のことを思ってくれていて、あたかも父親か兄のように、優しく愛を持って私を包んでくれているように感じました。

私はこのとき「あ、神様」と思いました。直後にハローワークの担当者が私の持っていた整理券の番号を呼びました。すると「さあ行っておいで。大丈夫だよ」と先ほどと同じ声が聞こえました。

小さくうなずき、私は窓口に行きました。すると、本当にその担当者は親身になって相談に乗ってくれたのでした。

ハローワークは公的サービス機関として基本的に親切に対応してくれます。しかし中には事務的応対しかしてくれない場合もあります。その方は私の窮状を察し、私の事情や希望などをしっかりと確認した上で、懇切丁寧に相手の会社に電話を入れてくれ、その日のうちに面接日が決まりました。

これを偶然と片付けられますか。私がその担当者に出会えるよう順番調整をしてくれたのは誰か。または、その担当者がやさしく接してくれるよう働きかけてくれたのか、あるいは成り行きを温かく見守り、私を励ましてくれただけだったのか。とにかく私の冷えた心は、目に見えない方の思いやりの言葉と担当者のやさしい対応で、すっかり元気で前向きの温かいものになったのでした。

ほっとして周囲に気持ちを向けてみましたが、先ほどの声の主の雰囲気はもう感じられませんでした。このとき私は、神様は人間の幸福を常に願っていらっしゃるのだということを強く実感したのです。

この世の中に目を向けると、世界中いたるところで紛争が起き悪事が行なわれています。悪人が栄え、善人が苦しんだりすることも多くあります。

神様が「私はこんな世界は嫌いである。すべて見放そう」と思ったなら、宇宙も人間も存在することができなくなってしまうことでしょう。ですから神様は、忍耐に忍耐を重ねて、人間を何とか救おうといつも働いていらっしゃるのです。

神様が人間の不幸や悲しみをすべて引き受けて愛を注いでくださっています。人間は神様の心を離れて存在することはできないようになっているのです。

・日常的な夢と啓示的な夢

最近の先端科学の分野において、霊は実際に存在するのではないだろうかと言われるようになってきました。地上で生きていたときと同じように霊の体があると言われています。

私は39年間ずっと夢日記をつけて、霊界とはどんなところなのか研究してきました。日常的な夢と啓示的な夢の違いについては最初にも述べましたが、ここでもう一度述べたいと思います。

夢にはいろいろな種類がありますが、ごく普通の内容、例えばバスや電車に乗って旅行に行く夢、友人を訪ねる夢、学校でテストを受けている夢、歯が抜けたり髪を切ったりする夢、など日常的なものです。

それに対して、啓示的な夢は、例えば自分がまだ行ったことのない見知らぬ風景の場所や見知らぬ建物、知らない人間や見たことのない動物、植物が出てくる夢、宇宙空間を飛び回って見知らぬ星に飛んでいく夢などです。さらに啓示的な夢の中には予知に関するものもあります。数字がはっきり出てきて、年代が示されていたり、何かの使命を持っている人物と会っていたり、大切なものを受け取ったり、さらに食事会に参加したりしていることもあります。これらの夢はこの地上には存在しない世界を見ているということだけは間違いありません。

なぜそのようなことが言えるのでしょうか。

日常生活の記憶は脳に残っていて、その残像を再現しているのが普通の夢です。脳は肉体に属する臓器の一器官であり、記憶に基づく夢は、啓示的なものとはなりえません。

啓示的な夢は霊の体にある心（魂）の反映で、魂と霊界との通信が夢として出てきます。肉体の脳の記憶が夢であるのなら、地上で起きている事柄だけに夢の範囲はとどまるはずです。

しかし、地上で肉体をもって起きた事柄とは全く違った事象が夢に出てくることがあります。これが、啓示的な夢です。このように、啓示的な夢の特徴は時間空間を超越した事柄が多いことです。

人には睡眠が必要です。脳も休みます。啓示の夢はまるで目覚めているときに活動しているような感覚です。意識がはっきりしているのです。夢の中で春が来ればあたたかく感じて花の香りも分かります。夏になれば太陽光線が厳しく、汗もかきます。秋ならば紅葉の風景になり、山や木々を眺めてその美しさに感動します。冬になれば雪の世界になり、寒さでふるえます。

夢の中でパーティーになればそこに呼ばれて食事もします。料理の味も感じます。パーティーの参加者からプレゼントをもらえば、手にはその形や重さの感覚が残ります。

そのような夢の体験を、夢日記に書きとめてきました。その記録の積み重ねを研究した結果「霊界は心の延長の世界であり、素晴らしいところである」という結論になりました。私はそのことを多くの人に「霊界学」として伝えていきたいと思っています。

第4章　異世界を解くと霊界が見えてくる

■異世界のイメージ

・「指輪物語」と「ナルニア国物語」

異世界という言葉を聞いたことがありますか？

最近、ファンタジー小説や、ゲームやアニメ、漫画などでよく見かけるようになりました。テレビのコマーシャルでも「異世界」という言葉が使われるようになり、異世界とはいったいどのような世界なのだろうと、関心を持つ人も出てきているのではないでしょうか。

異世界とは、私たちが生活している世界とは違う別の世界のことを指します。

この言葉は近代になってから出てきたので、神話やおとぎ話、自分が住んでいる国以外の異国とは、少し意味するところが異なるようです。

たとえば、２００１年に映画化された「指輪物語」（ロード・オブ・ザ・リング）や２００５年に映画化された「ナルニア国物語」などが異世界を題材にしています。皆さんの中にもご覧になった方もいらっしゃるのではないでしょうか。

「指輪物語」は人間以外の種族がパーティーを組んで、冒険の旅を繰り広げる物語です。主人公はホビット（小人族、身長１ｍくらい）その仲間はエルフ（耳のとがった妖精）、ドワーフ（人間に近い姿だが、怪力で斧を武器とする戦士）です。その様々なキャラクターが登場しますが、すべて人間以外の種族です。指輪物語がほかのファンタジーものと違う点は何でしょうか。この作品は現実世界を引きずっていません。もっと具体的に言えば、現実の人間のしがらみに物語が影響を受けていないのです。こうした世界観は独特のもので、まさしく異世界を扱った作品だと私は感じました。

もう一つの「ナルニア国物語」は現実の世界の少年少女が異世界に行く物語です。少年たちはナルニア国に迷い込んでしまいます。そしてその国を冬の世界に変えた白い魔女と戦うという内容です。言葉を話すライオンや、魔法使いなどが登場し、物語の要素としてはファンタジーです。ベースになっているのはキリスト教ですが、ギリシャ神話やヨーロッパ各地の童話の要素も入っています。

・なぜ異世界を取り上げたのか

では、現代ファンタジーでも表現できる内容なのに、最近になってなぜ異世界をテーマにした作品が増えているのでしょうか。

ファンタジーものが好きな人は、現実を超越した自由な世界観や想像の広がりを楽しむことが多いです。さらにその舞台が異世界となると、物語に魅力が生じます。

科学技術の進歩により、現実の世界の出来事ならば地球の隅々まで探索ができ、インターネットを使えば、世界遺産や自然の絶景、幻と伝えられていた場所や謎の遺跡などを自宅に居ながらにして見たり、その情報を手に入れたりすることができるようになりました。そうした背景があるので、目に見える世界ではなく目に見えない世界に関心を持つ人が多くなってきたのではないかと思います。

異世界を表現するパターンですが、指輪物語では異世界の住人そのものを描いています。しかし、「ナルニア国物語」では現実の世界の少年たちが異世界に行って冒険をします。異世界に行くには何らかの方法が必要です。「ナルニア国物語」では洋服ダンスから異世界に行っています。異世界に行くための方法や必要アイテムはいろいろなパターンがあります。

・異世界の面白さ

たとえば玄関のドアだったりＵＦＯのような乗り物だったり、物語によってさまざまなので、そんなところも作品を観る楽しみでしょう。さらに、逆のパターンとしては、現実世界に通じるゲートが開かれ、異世界の住人が入ってきて住みついてしまったり、人間との間で事件が起きたりするというものです。異世界人はドラゴン、巨人、妖精、獣人、地水火風をあやつる精霊など、いくつもの設定があります。

物語の登場人物としては、王様、お姫様、勇者、魔法使い、ＩＴのエキスパート、料理人、技術者、武器の達人、未来人、超能力者等、こちらも様々です。

異世界ですから、自由にゲームをしたり、悪と戦ったり、ハーレムを作ってみたり、冒険をしながら人助けをしたりします。

異世界は、国といった壁がなく国境も存在しないなど現実とはかけ離れた世界観で描かれていることが多いです。時間空間を超越しているので、電子世界、ゲームの世界に「アバター」として入っていくものもあります。異世界では乗り物を利用してもよいのですが、魔法の力で空を飛んだり、時空を自由にワープしたりできます。現実世界では不可能なことができ、ありえない世界を見ることもできるのです。

■原点はメソポタミアの神話から

異世界について考察していくと、その原点はどこにあるのかという疑問が生じます。私は、紀元前４２００年頃のメソポタミア神話から来ているのではないかと考えています。

メソポタミアは、現在のイラク、クウェート、トルコ南東部、シリア北東部にわたる地域で、古代文明の発祥の地として知られています。当時そこに居住していたシュメール人の世界観が興味深いのです。彼らはどのように考えていたかを簡単に説明します。

人々が暮らしている世界は大きなドーム状になっていて閉じた空間の中にあり、その外側には原初の海が広がっています。その海は淡水で、世界の基礎をなしています。空をつかさどる神は「アン」、地上をつかさどる神は「キ」、原初の海は「ナンム」と呼ばれ、のちに「ティアマト」と呼ばれるようになりました。

・**宇宙観**

メソポタミアの宇宙観についての具体的文献はありません。しかし、学者たちは様々な記述の研究を通して部分的に復元しています。紀元前1200年頃に書かれた創造の叙事詩によると、神マルドゥクが母なる神ティアマトを殺し、その半身を用いて地上世界を造り、残り半分から楽園と冥界を造ったとされています。

同時期に書かれた別の文献によると、宇宙は回転楕円体で、神々と星の住まう三層の楽園と下の三層の地上からなると描写されています。神と人間の関係については以下のように伝えられています。

神は人間を本来僕としての役割を担わせるべく創造したのですが、次第に手に余るようになってしまいました。そこで神は人間を解放し、自由にさせたということです。

・**ギルガメッシュ叙事詩**

さらに興味深いのは楔形文字にて記述された、古代オリエント最大の文学作品である、ギルガメッシュ叙事詩があることです。主人公のギルガメッシュは、紀元前2600年頃シュメールの都市国家ウルクに実在したとされる王で、のちに伝説化して物語の主人公にされたようです。物語はギルガメッシュ王が、永遠の命が得られる薬を求めて旅に出るという内容です。

冒険の旅をする登場人物は、主人公のギルガメッシュの友でエンキドゥと言う名前の粘土から作られた野人。エンキドゥはのちに人間社会の理性を身に付けました。彼は、最初ギルガメッシュと対決しましたが、のちに親友になり一緒に旅をします。

さらに、エンキドゥの知り合いのフンババはレバノン杉の森に住む番人で恐ろしい姿をしています。フンババの姿は、半人半獣で全身が硬いうろこに覆われ、手はライオン、足の爪は鷲、頭には牛の角、尾は蛇という怪奇な姿の巨人だったとされています。

ギルガメッシュ物語を含めたメソポタミア神話は、後世になって世界中に広まり、世界の国々に影響を与えました。

・人間以上の存在を尊ぶ神話や物語

世界の国々や地域に目を向けると、それぞれ神話や言い伝えが存在していることが分かります。

内容は国や地域によって異なりますが、おおむね共通していることは、宇宙および地上世界の創造、創造主（神）と人間の関係、神や人間に敵対するものとの戦い、恐ろしい魔物や怪物の出現などがあげられるでしょう。中でも人間の力を超越した力を持つ者、魔法を使う者、ドラゴンのような火を吐く怪獣、森羅万象を操る精霊などの登場は物語を興味深いものにします。

そうした者たちの脅威から人間を守るのが神であるという観点に立ち、人々は神を敬い幸福な生活ができるようにと願いをかけます。

ギルガメッシュ叙事詩に登場する半獣人、怪物や精霊のような者たちは、形を変えて現代の物語の中でもしばしば見かけることができます。最近では技術の進歩により、リアルで立体的な画像、映像として表現されて登場し、キャラクターも個性的でかわいらしい姿をしていることが多くなりました。

「異世界」に関して、古代人も現代人も同じ物語の中で表現しようと試みているのは、目に見える世界だけではなく、見えない世界を知らず知らずのうちに意識しているからではないでしょうか。

それでは、なぜ古代人も現代人も、地上世界には実際には存在しない様々なキャラクターを物語の中に登場させるのかという疑問が生じます。確かに架空キャラクターの登場は物語を面白くしている事実は否めません。しかし、それ以上の理由があるのではないでしょうか。

・歴史を縦軸で考えてみる

たとえば、人類の歴史について考察すると、横に並べて時間が流れていき、それぞれの時代に様々な出来事が起きたという考えが一般的です。

しかし、そうではなく同じような出来事や事件は繰り返し起き、縦につながっているという考え方をしたらどうでしょうか。

古代からの歴史上の人物も現代の我々と基本的な物の考え方はそれほど変わらないといえます。古代神話や物語を見ると、現代に生きる「私」と何ら変わりなく喜怒哀楽を表しています。神々も人間も恋をし、失恋し、嫉妬もしています。そうした点においては古代社会に生きた人々も、現代に生きる我々となんら変わらない人間といえます。

生活の糧を得るために仕事をし、結婚し、子供を産んで育て、地域の人たちと協力し、助け合って生きていき、やがて寿命が尽きて死んでいくということは今も昔も同じです。神話の時代から現代、そして未来まで、こうした考え方、生き方は貫かれていくであろうと私は思うのです。つまり、人間は無意識に自然、宇宙の中で、平和で幸福な世界を求めて生きていくということです。

人類の歴史は、人間始祖に事故が起きて悪がはびこってしまったと考えられています。もし、そうした不幸なことが起きなければ人類歴史の始まりの時点から、宇宙を創造した神様の力がそそがれ、一人ひとりが素晴らしい創造力を存分に発揮できたに違いありません。現代よりももっと文明が発達し、人々が豊かに暮らすことができる社会が、早期に実現していたことでしょう。

■ＶＲの世界に思うこと

仮想現実のことをバーチャルリアリティー（ＶＲ）と言いますが、現代において科学の発達の速度は目覚ましく、写真や絵など二次元で表現されていた画像が、今では３Ｄ（立体的）で見ることができるようになりました。

私は子供のころに、映画や画像が立体的に観ることができるようになったら、どんなに素晴らしいことだろうと考えていました。しかし、今やそれは現実のものとなっています。

・ＶＲ体験その１

ある日私が書店に行ったとき、ＶＲゲームのデモンストレーションが行われていたので、興味があり見てみました。体験イベントは終了していましたが、係の人に頼んで特別に体験させてもらいました。ゴーグルとヘッドフォンが一体になった被り物をつけると、実にリアルな３Ｄ映像の世界に導かれます。さらにＶＲグローブというものを手に装着して動かすと、映像の中の魔物や怪物を攻撃することができるのです。

私がこのゲームをすごいと思ったのは、視線を上に向けるとコロシアムの天井が見えるし、下に向ければ足元や、ゲームプレーヤーが立っている足場も見えます。プレーヤーが位置を変えて回り込むと、戦っている敵を横や後ろから見ることもできます。音声もサウンドが効いていて、映像とともに用いられることにより、さらに臨場感が盛り上がります。とてもよくできているＶＲゲームでしたが、被り物が重くて、バイクのヘルメットのように感じました。

・ＶＲ体験その２

次に私の知人のお子さんのＶＲ体験についてお話します。秋葉原のゲームコーナーでの体験だそうですが、プレーヤーはジェットコースターに乗りながら、空中に点在しているコインを手でつかみ取っていくというゲームだということでした。

コインのほかに爆弾が仕掛けられていて、それに手が触れてしまうと爆発し、周囲の景色が煙で見えなくなってしまうというものです。リアルな立体映像なので、実際にジェットコースターに乗っているような感覚があり、とても面白かったそうです。

さらに、ゲームの種類も豊富でバライティーに富んでいて、よくもこんなことを思いつくなというのもあります。

タワーゲームをご存知ですか？　木やプラスチックなどを重ねて、不安定な状態に積み上げてタワーを作り、ゲームをする人がその一本一本を交互に取っていって、タワーを倒してしまった人が負けというものです。実際のタワーゲームは普通に床やテーブルの上に積み上げて、タワーを作りますので真下の方向から、木を取ることはできません。しかしＶＲタワーゲームなら３６０度どこからでも抜くことができ、今までのタワーゲームよりさらに面白いのです。

VRでは高いところ、低いところ、海の中、宇宙空間、あらゆる風景を描写できます。ゲームや映画などであまりにもリアルな表現ができるので、実際にその世界を体験した気分になってきます。私は乗り物酔いしやすく、ジェットコースターの映像をテレビで見ただけで、気持ち悪くなってしまうこともあります。ですから現実の風景にそっくりなうえに、さらに誇張して表現されているVRの世界は、私にとっては恐ろしささえ感じます。

・VR技術の応用

こうしたVRの技術は、ゲームや映画にとどまらず、様々な分野で使われているのは、素晴らしいことだと思います。その中でも、私がとくに注目しているのは医療へのVR技術導入です。現代人の多くは都市部に住み、毎日仕事に追われ休日も自宅で休んでいたりしていて、自然環境の中で過ごす機会が少なくなりました。そのためストレスがたまって体調を崩す人も増えています。あえて時間を作って海や山などに行くのも体力を使うので、休日をアウトドアで過ごすのを好まない人も多くいます。こうして慢性的なストレスを抱えるようになってしまうのです。

そんな人達に対してVRを用いた治療を行う試みがなされています。自身があたかも自然環境の中にいるかのような映像の中に入って、日頃から積み重なってきたストレスを少しでも和らげ、取り除いていこうというのです。社会不安を持つ人や、特定の物や現象に恐怖感を持つ人、対人恐怖症など、実際にこの技術を応用した治療を受ける人々は多くいます。すぐれたＶＲ技術をもつ医療先進国の日本では、こうしたＶＲを応用した治療を受けることができます。しかし、世界に目を向けると病気や怪我だけではなく、精神的な治療も必要な人がさらに多くいるはずです。

度重なる戦乱で職を失い、家族を失い、住む場所を追われ、傷ついた人々を精神面でサポートする方法はないでしょうか。人的援助や資金的援助の方法はいろいろ検討されていますが、私はＶＲの活用が有効ではないかと思っています。戦乱によって不安や恐怖を感じた人たちの心を、平穏な状態に戻すのはとても難しいことですが、それをＶＲによって行うのです。ＶＲをどのように使うかと言いますと、二通りの方法が考えられます。

・二通りのＶＲの利用方法

第一は、トラウマになっている体験の記憶を、患者の心から取り除き忘れる疑似体験をさせるというものです。それにより心の中の恐怖感や嫌な思いから自由になれます。

第二は、あえて患者が苦手に思い、嫌だと感じていることを体験させるというものです。たとえば、お化けが怖いという人が何度もお化け屋敷に行くことにより、恐怖を抱かなくなるといった類のもので、治療方法としては「減感療法」といわれています。いわゆる「慣れる」ことによって克服するのです。

さらに、スポーツや職業訓練においてもこれらの技術は応用できます。スポーツ分野においては、プレッシャーに弱く試合本番で十分な力を発揮できない人に対し、試合を想定した状況を用いて何度もそれを体験させ、プレッシャーに負けない精神力を培うということが考えられます。

そして、職業訓練の場にも応用可能です。航空機のパイロット、電車の運転手、消防士、警察官など、人の生命を預かり安全を守る立場にある人たちもVRを用いた訓練を受けています。いつ起きるかわからない不具合や事故など、どのようなことが起こったとしても、素早く対応できるようになっていなければなりません。いざというときのことを想定した訓練は、実際にそれが起きたときに被害を最小限に抑え、あるいは未然に防ぐこともできるのです。

ここで一番重要な事は人間のメンタル面です。メンタルが極端に小さい人にこのVRは刺激が大きいです。その場合は人と人の触れ合いで、暖かさや安心感を体験してから「君ならやれる。君ならできる。成功だ」と言ってあげてください。

■夢で教えられたこと

・ＶＲの世界と夢は似ている

ここまで異世界とＶＲの世界について考察してきました。皆さんの中には、それがいったい何につながるのか疑問に思う方もいらっしゃると思います。

私は39年間夢日記をつけてきました。その夢の中で異世界、空想の世界、ＶＲの世界と同じような体験を何度もしてきたのです。皆さんが映像やゲームなどで、見たり体験したりするようなことは、私の夢の中にあらわれた多くの現象と非常によく似ています。

つまり、霊界にも空想やファンタジーの世界も存在するということです。どのような形で夢の中の出来事を感じるのかといいますと、ＶＲ映像とほとんど変わらないものなのです。

周囲の空間がパノラマ状態なのは言うまでもありませんが、それらを観察している自分自身が、上下左右前後の位置にとらわれずに動き回ることができます。宇宙空間の無重力状態のようなものです。自分の姿については、見えるときと見えないときがあり、手や足などの体の一部だけ見えることもあります。

では私が見た夢についていくつか紹介しましょう。

・2013年6月2日。父の夢

そのときは、20年以上前に他界した父が出てきました。青い空をゆうゆう飛んでいました。トレンチコートをはおり、グレーのスーツを着て山高帽をかぶり、革靴を履いているという姿でした。あたかもマジシャンか魔法使いのように空中を自由に飛び回っていました。

父は私を見つけると、霊界で住んでいる家まで私を連れて行ってくれました。ごく一般的な一軒家でしたが庭は広く、父が好きだったピンクのバラが庭一面に咲きみだれていました。しかしそれらのバラよりさらに父のお気に入りの花がありました。それはサボテンの花でした。

父は、私にそれを見せたかったようでした。「白い花が咲いたよ」と父は嬉しそうに言いました。その花はまるで父の化身のように思われました。父は私に花を見せると「心配するな」と言いながら、やさしく私を抱きしめてくれました。心があたたかく穏やかになっていき、体の底から何か熱いものがジワーッと流れていくような感覚になりました。

私は「これが天国の世界なのだな」と感じました。そして目を覚ますと、自宅のサボテンが白く大きな花を咲かせていました。20年以上も前に父からもらったサボテンですが、花が咲いたのはこのときが初めてでした。

・2013年7月12日。ゾンビの夢

夢の中で暗い部屋から、突然ゾンビに似たグロテスクな怪物が現れ、私を追いかけてきました。なぜ追いかけてくるのか理由はわかりません。

私は部屋を出て一目散に玄関に向かい、ドアを必死で開けて外に飛び出しました。しかし、怪物はしつこく追いかけてきます。外に出ても周囲は夜のように暗い状態でした。さらに悪いことに、１匹だと思っていた怪物が数匹に増えていました。私はやみくもに道路を走って逃げ続けましたが、やがて怪物の数は10匹以上になり、さらに追いかけてきます。私はとうとう怪物たちにつかまってしまいました。「ああ、私はここで死んでしまうのか、それともこの怪物と同じ姿になってしまうのだろうか」と思いました。

すると、私の体に予期せぬ変化が起こったのです。あたかも、汚れた服を脱いだその下から新しい服が出てきたという感じで、美しく光を放つ、発行体のごとき姿に変身したのです。

眼が覚めると、私は全身汗でびっしょりでした。怪物は一体何の象徴だったのかそのときはわかりませんでした。

・やりたいことを追い続ける

夢から４年後、私にとって今までの古い皮を脱ぎ捨てるような出来事がありました。

私はかなり前から、作家になり本を出版したいという夢を持っていました。出版社に原稿を持ち込んだり、本を扱う会社の経営者と面談したりしました。しかし、いろいろな障害に阻まれ、日々の生活にも追われたりしてその夢は長く実現しませんでした。

そんななか２０１７年になって、ついに自身の手で本を出版（電子出版）し、販売することもできたのです。

このことを通じ、今になってやっと夢の意味するところを理解しました。今まで私は原稿を持って行っても突き返されたり、こき下ろされたりして人間扱いされませんでした。それでも「作家になりたい自分」を思い続けた結果、古い自分から脱皮して新しい自分に変身することができたのだと思います。

「光を放つようになった自分」は望みがかなった私の姿だったのです。

・２０１３年９月18日。龍に乗って旅をする夢

この日の夢は私の体がすでに空中にあり、空を飛んでいるという状態から始まりました。

何かの乗り物に乗って飛んでいるようなのですが、それは飛行機やロケットのような機械製のものではなく、生き物の感触でした。私は銀色のふさふさした動物の毛のようなものに、しがみつくようにして「乗り物」に乗っていました。

いったいなんなのか見てみると、古代中国の絵にたびたび描かれている龍のような生き物でした。口は大きく頭にはトナカイの角のようなものがあり、前足と後ろ足にはそれぞれ６本の爪があります。体全体は蛇のように細長く、体長は10メートルほどでした。体全体を覆う銀色の毛はふさふさして柔らく、羊毛のような感触で私の体を包み込むような心地よさを与えてくれます。

私はその生き物に乗って、地上１００メートルくらいの高さを飛んでいました。地上を見渡すとオレンジ色の屋根の家が無数にある町でした。具体的に言うと、クロアチアにある世界遺産のドブロニクの町にそっくりです。飛び続けていると、しばらくしてトルコのイスタンブールの町のような場所に出ました。

高層ビルの立ち並ぶ地域を通過し、さらに飛び続けると、たくさんの中層のビルが破壊されて崩れてしまっている町に来ました。町の上空をかなり長く飛んだ後、飛行高度を下げて町の状況を確認したのち、私は龍からおりて、廃墟となった町の一角にたたずみました。

・荒れた町と人々の姿

どうやらこの町で、はげしい戦闘が起こっていたようです。周囲に人影はなく、風にあおられて砂埃が舞っています。空飛ぶ生き物はテレパシーのようなものを使って「ここにいる人たちに会いなさい」と話しかけてきました。何か手がかりになるようなものを探そうとして、私は荒れ果てた町の中を南東の方向に向かって歩き出しました。周囲に目を向けると、数人の中年男女が、建物の陰からじっと私を目で追っていました。

いずれもみすぼらしい姿をしていて、ボロボロの服を着ています。彼らは私を見ているだけで、一言も話しませんでした。生きる希望を失っているかのようなうつろな目をしていました。

私がしばらく歩いていくと、路上で数人の老人の男女が言い争っていました。私にもその声が聞こえてきました。口汚い言葉でお互い罵り合っています。その人たちが話している内容から推察すると、町ではかつて要職についていた人たちのようでした。町長だった人、社長だった人、豪商だった人などがいました。みんな偉そうに威張り散らしていて、彼らの様子を見ていた私は不快になりました。

ほかにも人はいないのだろうかと、歩いていくと廃墟の中から数人の男女が出てきました。高校生ぐらいの年恰好で、上下ジャージを着ています。彼らはみな仲が良く、明るい声で話していたので、私はこの廃墟となってしまった町にも未来の希望は残っていると感じました。その後何人か町の人にあったのち、私は龍に乗って町を去っていきました。

夢での体験は、VRで体験するような世界とも重なるところがあり、両者には似た点も多くあります。皆さんが今は見えない霊界を考察していこうと試みる場合には、VRの世界を参考にしてみてください。

■自分自身の心が霊界の場所を決める

霊界を研究しているといろいろな人から質問を受ける機会があります。第3章の霊界の説明書のところでも述べています。内容はその質問やこれまで述べたことと少し重複する部分もありますが、ここで、もう一度、よく受けるいくつかの質問についてお答えしたいと思います。

まず多いのが「霊界にはどうやって行くのか」です。

結論から言うと、「自分自身の心が行く霊界を決める」ということです。心は正直です。肉体を持って地上生活をしているときは、本人が話をしない限り心の中を知られることはありません。しかし霊界では心の様相すべてが、ありのままにさらけ出されてしまうので、その人が地上生活で隠していたすべての行いが暴露されてしまいます。立派な人格者として人々から尊敬され、高い評価を受けてきた人も、公金を横領していたり、不正な蓄財をしていたり、浮気や不倫を続けていたりしていたこと、あるいは言葉や行動を通じて人々を傷つけたり、蹂躙してきたりしたことも明らかになります。

・悪事を働いた人が行く霊界

悪事を働く人は「世間にばれなければいいんだ」と思っているでしょう。しかし、霊界ではそれらは隠し通せませんので、自分自身で地獄の世界に行くようになります。

善人が暮らす世界にいると、悪人は息が詰まるほど恥ずかしい思いをします。それで、同じような悪事を行った人々が暮らす地獄に行く方が、当人には空気があっていて楽なのです。

しかし、いったん地獄に入ってしまうと脱出することができません。暗くて狭い空間に閉じ込められ、周囲に人の気配は感じられません。孤独の中、身動きが取れずに心が破壊されたまま、霊人体は永遠に闇の中に居続けます。

・善良な人が行く霊界

そうした人とは逆に地上で多くの人に知られることもなく、後世に名を残すような立派な業績を残したわけでもなく、一心不乱に自分のできることを行った人はどうでしょうか。

その人が悪事を行わずお天道様を見上げながら神仏を大切にし、家族や周囲の人たちに「ありがとう」という感謝の気持ちをもって、霊界に行った場合は自分の心に正直に生きたということなので天国に行きます。

たとえ地上で何らかの犯罪に手を染めてしまった人でも、地上にいる時期に罪を償って心を正しくし、人々に感謝の気持ちをもって最期を迎えた人は天国に行けます。

犯罪は地上で生きているときに清算されるのが、本人のためには良いのです。

・自殺者が行く霊界

では、自らの命を絶ってしまった場合について考えてみます。とくに心中などを行った人はどのような霊界に行くのでしょうか。

地上生活に希望を失い、恋人同士や家族、あるいは友人同士で心中する人がいます。「あの世で一緒に幸せに暮らそう」と思ってのことでしょうが、霊界に行くと決して幸せにはなれません。それどころか、お互いの恨みの心が残っているので、心中した人たちが一緒のところに行くことはなく、孤独な地獄世界に行きます。

自殺した人が行く霊界は、地獄の中でも最も低いところなのです。自殺の道を選択する人たちは、生きていくことに疲れ、未来が見えなくなっています。辛くて悲しく惨めな自分自身を恨めしく思い、今いるところから逃れたい、自分が死ねばきっと楽になれるのではないかと考えるのです。しかし人間には肉体と霊人体があるので肉体が滅んでも霊人体は残ります。

・地上にとどまる地縛霊

不慮の事故でも、地上に未練を残したまま逝った人は、地縛霊となって特定の場所にとどまり、霊界に行くことすらできません。

そのような霊は地上で生きる人にとって迷惑な存在となります。どのようなことをするかというと、その人の子孫を不幸にするような行いをしたり、近くを通る人の足を引っ張って転ばせたり、自転車や車に事故を起こさせたりします。地縛霊が厄介である点は、霊界に行くことができず永遠に地上にとどまることです。仏教的な用語で言うならば「成仏できない」状態が続いているということです。

地縛霊の中でも地上に対する未練の強い霊を霊界に送るのは困難です。地縛霊が救われていくときは、今、地上で生きている人たちが天国を造って、その後になるのではないでしょうか。長年霊界研究をしてきた私はそのように感じています。

時代が進み未来になって、もっと霊界に関する内容が明らかになっていけば、地縛霊や地獄の低いところにいるような、救済困難な霊人体の救いの道も開けるかもしれません。しかし、現代においてはまだそうした目処は立っていません。

・地上での思いがそのまま霊界に

以上のように、地上での人間の心の動向がその人の行く霊界を決めるのです。

たとえば「私」という人間はこの地上で、一人だけで生きているように思いますが、実際はそうではありません。すなわち「私」を生み出した両親、そのまた親（祖父母）、周囲を見れば学校の友人、職場の同僚、地域の人たち、趣味や教養を同じくする仲間、そのほか「私」と関係のある人を挙げれば、それこそきりがないほど多く存在するのです。

自分自身のことだけ考えて、周囲とかかわりを持たずに生きていくことはできませんが、そのなかでも人が生きるうえで強く働く力は、親からの愛情です。子供の幸せを願わない親はいません。子供が立派で正しい人間として成長し、幸福になってほしいという願いをもつのは万民共通ではありませんか。

そうした親からの愛の力が「私」に対して働いているのです。

しかし、そんな親の願いにもかかわらず自分自身では、誰からも拘束されずに自由気まま勝手、欲望の赴くままに生きたい、少しぐらい悪いことをしたっていいじゃないかという思いになることがあります。

そうした思いが長く続くと、体に変調をきたします。心の持ち方で体の調子が良くも悪くもなるということについては、科学的にはまだ研究段階です。それでも、怒りや恨みの気持ちを持ったり、人に害を加えたいという思いを持ったりすると、その人の体が不調になったり、もともと持病がある人はその病気が悪化したりするのは否定できません。

悪い思いに取り憑かれてしまうと、永遠に悪の鎖に縛られたまま、一生を無為に過ごしてしまいます。

そして、そのような思いをもったまま霊界に行けば、束縛された状態はさらに続きます。霊人体と肉体の関係、すなわち思いの世界と肉体の世界は表裏一体、密接につながっているからです。ですから、悪い思いを引きずったままで地上生活を終えると悲惨なのです。

地上での悪い思いは地上で清算したいものです。

・良心の声に耳を傾ける

人生には必ず転換できるチャンスが訪れます。

そのときは「このようなことで、はたしてよいのだろうか」という良心の叫び声が、あなたの心の奥から湧いてきます。苦しみ、悩み、人生をやり直したい気持ち、今までの行為を反省する思い、幸せになりたいという願いなどが出てきたら、それまで見えなかった悪魔の鎖が見えるようになります。

希望という名のロープをつかんで登ってください。その分かれ目となるときは必ずめぐってきますので、決してあきらめないでください。

転換点を迎えながら悲惨な状態から脱出できない人は、自分自身で限界を作ってしまい、「これ以上のことはできない」と、いつも思いこんでいます。目の前にあったチャンスを何度も逃してしまって、「あのときこうしていればよかったのに」と後悔した経験が誰にでもあることでしょう。あなたがそんな経験をしたなら、一度深呼吸して良心の声に耳を傾けてください。そうすると自らの心が前向きになってきます。今までできないと思っていたことができるような気持ちになります。周りを客観的に見て、この悪い思いの人々の場所にいたら幸福になれないと感じてきます。

すると、不思議なことに急に親から連絡が入ってきたり、自分を思ってくれる友人がメールを送ってきたりするのです。さらに何度も読んだことのある本をふと開くと、今まで気づかなかった大事な教訓が得られたりすることもあります。

そんなチャンスを逃さないよう素直になって、自分の良心の声に耳を傾けてみてください。また、素直な心を持ち人からのアドバイスには耳を傾けてください。

そうすればあなたを縛っていた悪魔の鎖は外れて、未来への希望の翼を授かります。その翼を自由に用いて前進を続けてください。

飛躍できるかどうかはあなた自身の心の持ち方に懸っているのです。

■光のサークルをつくろう

・欲望に限界はない

私個人のたわいのないことで恐縮ですが、実は自宅の炊飯器が限界にきています。御飯がおいしく炊けないことがよくあります。炊飯器だけでなくトースター、電気ポット、冷蔵庫、洗濯機、今使っているパソコンなど、家にある家電のほとんどがかなり調子悪くなっています。調べてみると、製造されてから大分年月が経過しているものばかりです。最近は技術の進歩により、使い勝手の良い家電が製造されていますので、それらに買い替えればとても便利になるでしょう。

しかし、日常の生活が快適なものになったとしても、はたして人の心の中まで豊かになるのでしょうか。そうならないことは私たちもよく知っています。人の欲望というものには限界がないので、一つの欲望が満たされると次の欲望が生じ、どこまで行っても満足は得られないのです。でも全部ではないですが、家電は必要なものだけ買い替えましたよ。

・心の豊かさのための欲望

昔の人は「人は身の丈に合ったお金があればいい」と言いました。しかし、現代は余裕のある暮らしがしたいと望めば、大きな努力をしなくてもそれが叶ってしまう社会になりました。日本なら最低限の衣食住は保証されるので、普通の暮らしで十分と思えば、あくせく働かなくても満足できるのです。

しかし、それだけでは満足できないと思う人も多いでしょう。欲望を持つというと何か悪いことのように考える人もいるでしょうが、そうではありません。自らの目標を定めて、それを実現するために努力するという欲望を持つことはむしろ必要なことです。

しかし、いくら努力してもなかなか夢を実現することができない人もいますし、大した努力をしなくてもほしいものを手に入れてしまう人もいます。

世帯年収が３００万円に満たない家族がいる反面、１０００万円以上の年収がある人もいます。そうした人たちが混在している日本は、まさに「格差社会」と言えるのかもしれません。自分の好きなことをやっていてお金を稼ぎ出す人もいれば、自分が本当にやりたいことをあきらめてやりたくない仕事をしている人もいます。

地上で生きている期間は、人が生きていくためには衣食住が必要ですから、どうしてもお金が必要となっているのです。でも、考えてみるとなんでこんなに苦労して努力して辛くて悲しい思いをしてまで、地上にいなければならないのか疑問を持つ方もいらっしゃるでしょう。

しかし、地上の生活には、どんな境遇にいる人でも、そこに意味があるのです。つまり、物の豊かさではなく、心の豊かさが重要だということです。

欲望は、心の豊かさを実現するために使いたいものです。

・自己中心の思いは天国への道を閉ざす

地上で平凡な暮らしをしてきた人でも、人を愛し自然を大切にし、周囲の人たちと争わず、日々感謝する心をもって、最後のときに「ありがとう」の気持ちで霊界に行った人は、ほとんど天国に行きます。

では、そうでない人はどのようになっているのでしょうか？

独裁者として権力をほしいままにしてきたような人について考えてみましょう。

歴史に残っている独裁者の言動を調べると、多くの人々を迫害し、自らに反対する人や気に入らない人を殺害し、人々の財産を強奪しています。さらに、嘘をついて多くの人々を欺いたり、不倫三昧の生活をしていたり、悪行の限りを尽くしてきた人物が多いのです。そうした独裁者たちは、いわば歴史に汚点を残してきた人と言えます。王様であっても高い地位の僧侶であっても、豪族であっても、その人生に汚点を残してしまったのなら、その人は地獄に行かざるをえません。

一方で、国を治める立場にあった人の中でも、民衆を保護し助け、力になり、豊かな暮らしをもたらす善政を行ったのなら、その人は天国に行きます。

地上で過ごす期間は、天国に行くための準備期間です。

ですから、そのような大切なときに、人を愛することをせず、自らを高めるための努力を行わず、自分さえよければいいという勝手な思いをもち続ければ、心の成長が止まったままです。そうして一生を無為に過ごせば、天国への道はその人から遠ざかっていきます。

・怒りを抑える

少し話題が飛躍しますが、あえて人類の歴史について考えてみます。

歴史研究家の中に、「人類歴史は善と悪の闘争の繰り返しだ」という人がいます。もしそうであるのなら、未来においてもずっと絶えることなく闘争が続いていくという結論になってしまいます。世界中の多くの争いがなくなる日は果たして訪れるのでしょうか。

善と悪の闘争をなくすには、突き詰めれば、怒りの感情を抑えるという結論になります。国家間の怒りを抑えることはもちろんのことです。しかし、国家の怒りは、民衆の不満が大きなうねりとなり、国を動かし、その怒りが国の指導者に向かうこともあれば、他国に向かうこともあります。そもそも、国家の怒りは、個人の怒りの集積とみることができます。

心の豊かさを得るには、まずは自分の怒りを修める方法を探ることが重要です。

人には、素直で正直者、悪い心をあまり持たない人もいれば、ひねくれ者でうそつき、いつも他人の悪口ばかりを言っている人もいます。悪の心が強い人は嫉妬心も強く、幸せそうにしている人、いつも喜んで生活する人、良い行いを続けて成功を収めた人などを見ると、とても腹が立ちます。

はっきり理由は分からないけれど、幸せに見える人たちを引きずりおろし、めちゃくちゃにしてやりたいと思ったりします。そんな気持ちが一度芽生えてしまうと、怒りがわいてきて、本人さえそれを押えることができなくなってしまいます。

いつもは人に危害を加えるようなことはしない人でも、怒りの感情が大きくなってしまうと、それをどこかにぶつけないと収まりません。もし手元に凶器になるようなものがあれば、それを使うでしょう。憎んでいる人が近くにいれば、その人を攻撃し、傷つけ、場合によっては殺害してしまいます。

実際に大きな事件に至ることはそれほど多くはありません。しかし、怒りを抑えることができず暴言を吐いたり、言葉で人を傷つけたりする行動に出る人はよく見かけます。あなたの周りでも、そんな人を見かけることがあるでしょう。

・心が閉じ込められて苦しむ

どんな人も地上で生きているときには、苦しいことや辛いことに遭遇し、怒りが抑えられなくなることはあります。そんなときに現実から逃避して、自分自身の考えの中に閉じこもってしまったり、「どうせいつか死んでいくんだ、どうにでもなれ」と思ったりしたことはありませんか。

現実から離れてゲームやＶＲの世界に浸っていくと、世の中の多くのしがらみからは、遠ざかることができます。しかも魅力的で楽しい世界も体験できます。霊界の様相もＶＲの世界に似ているところが多くありますので、人によっては現実世界から完全に居場所を変え、ＶＲの世界の住人のようになってしまう人さえいます。そういった人たちは「いろんな煩わしいことに関らずに済む。何が悪いのか」と思っています。

あくまで趣味の範囲として楽しむ分には良いのですが、ＶＲの世界に完全に心を閉じ込めてしまったとしたら、それこそ恐ろしいことになります。あくまで現実世界で人を愛し、世の中と交わってこそ心が成長するのです。

心は小さな場所に閉じ込められると苦しみを感じるようになり、悲鳴を上げ、病んでしまい、怒りが抑えられなくなって、怒りが増幅してしまいます。

・人のせいにすると心は豊かになれない

心が閉じ込められている人は、本人は気づいていませんが、周囲からは間違いなく嫌われています。自分自身は、正しいことをしている、自由に生きていきたい、幸福になりたいと思っていますが、考え方の違う人や、自分に意見する人、いさめる人、批判したりする人などに対しては我慢ができません。

自分こそ正しい。間違っているのは周りの者たちだ、と考えて暴力的な言動に向かうのです。普段はおとなしいように見えても、周期的に病気のような形でこうした行動を起こしてしまいます。

悪い思いに取り憑かれて怒りがこみ上げてきたときに、「自分が、このような人間になってしまったのは、親が悪い、学校の先生が悪い、社会が悪い、ろくでもない友達が悪いから」などと考えて責任を周囲のせいにしてきた経験のある人はいませんか。

一人で好きなことをしていたい、孤独な状態でいると落ち着く、社会との関わりはできればもちたくない。たまに友人にかまってもらえればそれで十分だ。そのように考えて生きている人もいます。しかし、それで本当に幸福になれるのでしょうか。人を愛する機会をもたないので、心は豊かになりません。本当の幸せを手にすることはできないのです。

・光のサークル

地上から霊界にいる人たちを見たり、霊界から地上にいる人たちを見たりすると分かることがあります。

それは、人間の関係とはつながりだということです。人々の心は目に見えない光のサークルに囲まれていて、人と出会うことを通じてそのサークルが動きます。ときには入ってくるものを受け入れ、ときにははじき出したりします。サークルは無数に存在し、つながりをもてばサークル同士が引き合います。

今あなたが大変なことばかりで困っているのならば、一度深呼吸してみてください。「私は立派な人間になれる」「私はこの世界を代表して生きている」「もし死ぬような事態になっても世界を代表してこの世を去るのだから悔いなどない」という大きな気持ちで希望を持って生きていけば、周囲のあらゆる人たちがあなたを応援するでしょう。

光のサークルもあなたの心に応えて反応し、人々はあなたに拍手喝采を送ることでしょう。さらに霊界もあなたを応援してくれます。宇宙の法則は、自信をもって前向きな人に力を与えてくれるようになっているので、周囲はあなたを応援せざるを得ないのです。

「私」が変われば周囲も変わってきます。今まで嫌ってきたような人が、ある日突然優しく話しかけてきたり、物心両面の援助をしてくれたり、相談に乗ってくれたりしてきます。ですから、まず「私」を変えてみてはいかがでしょうか。そうすれば、希望が湧いて幸せが近づいてきます。宇宙の法則がそのようになっているのですから。

■勇者との交流

・たびたび夢にあらわれる人

私が夢日記をつけるようになってから、39年になるということは先に触れましたが、その中でも何度となく夢のなかにあらわれて、私を励まし元気づけてくれた人の話をします。
私はその人のことを心の中で「勇者」と称しています。その人は天地に存在する悪魔と戦って勝利を収めた40代くらいの男性です。私に声をかけてくることはありますが無口な印象で、きれいな目をした人です。

２００１年３月４日に初めて私の夢の中に具体的な姿で現れました。その後、困難に直面しているときやピンチに陥っているときなどに現れて「がんばれよ」とか「無理するな」などの短い言葉をかけてくれるようになりました。どのような感じで夢に出てくれるのかについて、いくつかの例を紹介いたします。

・２０１４年４月４日。勇者からのプレゼントの夢

この日の前まで、私はかなり長い間失業していました。何社も不合格になっていたのですが、4月4日になってやっと面接の日が決まったときに見た夢です。

勇者が現れて、「まだ肌寒い日が続くから、身体に気をつけなさい」と言って毛布をプレゼントしてくれました。そして一緒に写真を撮ってくれて「これできみも勇者のパーティーの仲間になった。がんばれ」と言ってくれました。パーティーのメンバーは、天使、武道家、魔法使いたちでした。

その夢を見たあと、前述したように、午前中に面接に行った会社に合格し、就職することができました。私はその後、仕事が順調に続くと思っていました。しかし、実際に始めてみると想像していた以上に厳しいところで、だんだん大変になっていきました。テレホンアポインターの仕事なので、実績を厳しく追及されます。口うるさい上司がいて、アポが取れないと責めたてくるので、精神的に疲れてきました。そのような中、3カ月後に夢を見ました。

・2014年7月7日。地獄に仏を見た夢

夢の中で、何の建物か分かりませんでしたが、そこから私の目の前に突然扉が現れました。扉を開けて中に入っていくと、火傷を負い血だらけになっている人に遭遇しました。びっくりして思わず扉を閉めると、また違う扉が現れました。何が起きるかわからないので扉を開けるのをためらったのですが、「これを開けなければ家に帰れない」と感じたので、開けるしかありません。すると、足や背中から血を出している人が出てきました。まるでお化け屋敷のようです。

私はそのとき「もしかしたら地獄を見せられているのではないだろうか」と思いました。その扉もすぐに閉めて、後ずさりすると、今度は後ろから三度目の扉があらわれました。そこには火傷で真赤になっている左足が壁に張り付いていていました。私は「ギャー!!」と悲鳴を上げて必死になって助けを求めると、上の方からロープが下りてきて、勇者が引き上げてくれました。地獄に仏を見たような夢でした。

三つの扉の中にいた傷ついた人や体の一部は、人間の醜い姿を象徴するものだったのだと思います。

・2014年10月1日。巨大宇宙生物の夢

夢のなかでネズミに似た宇宙生物が五匹、私の家にあらわれました。そのネズミはカラフルな色をしていて、カピバラくらいの大きさでした。大きな体にもかかわらずとても素早く動き、鋭い牙のような歯をしていました。

夫と長男が殺虫スプレーをかけたり、ヌンチャクを振り回したりして退治しようとしたのですが、やっつけるどころか追い払うことすらできません。私が「もうだめだ、ネズミの化け物にみんなやられてしまう」と思った瞬間、家の玄関から勇者があらわれ、五匹の大ネズミの宇宙生物を刀で切り捨て、退治してくれました。

・2014年12月24日。勇者から希望を与えられる夢

私の家に突然勇者があらわれました。私は2014年7月7日の夢で私たちを守ってくださったことに対してお礼を言いました。

その後、私は「私たちの未来に希望はありますか？」と尋ねました。この世の中は混沌としていて、希望が見えません。さらに最近見る夢のなかで、私は苦しみを受けていることが多かったので、つい勇者に訴えるように問いかけてしまいました。

その問いに対し、勇者は「未来はお前たちが作るんだ」と答えました。私は怪訝そうな顔をしたので、勇者は私の心の中を見透かしたように言いました。「お前にしかできないことがあるんだよ。それをやるかどうかはお前自身が決めるんだ」。

そして勇者は消えるように、その場からいなくなりました。

・2015年2月19日。テロ集団の夢

この日はとても怖い夢を見ました。テロ集団「イスラム国」の勢力が恐ろしい速さで世界中に広がっていきました。イスラム国の兵たちは、一般の人々を拉致して化け物にしてしまうのです。拉致された人たちは、人間の姿を完全に崩されて恐ろしい形に作り替えられ、次々に人を襲うようになっていきます。

しかも、その化け物は伝染病が次々に広がるようにどんどん増えていきます。多くの人間が化け物となったために自然も破壊され、空の鳥や海の魚も死んでいきました。私は「勇者があらわれてイスラム国と戦ってほしい」と必死になって願ったのですが、結局この夢のときには勇者は現れませんでした。

・2016年2月9日。忍者の夢

イスラム国の兵士たちの悪行の夢から1年後に見た夢です。私は忍者になって日本全国を自由に飛び回り、情報をたくさん集めていました。

その貴重な情報は一枚の石版となって、勇者のパーティーのところに届けられるという内容でした。なぜ私が忍者なんかになっているのか、このときは全くわかりませんでした。

・2016年2月13日。古代帝国の姫

私が忍者になった夢を見てから4日目に見た夢です。日本に重要な人物が来ているという情報が、私のもとに入りました。その人物はアメリカ人で古代帝国の子孫の姫という立場でした。その姫を自分たちの支配下に置こうとする複数の勢力が動いていたので、そのような争いから逃れるために彼女は日本に入り、姿を隠していたのです。しかし、スパイによって突き止められてしまいました。古代帝国を再建しようとする勢力と、それを阻止しようとする勢力の争いでした。私が忍者になって日本中で情報を集めていたのは、姫の動向を勇者に知らせることが目的でした。

・2016年3月16日。魔法使いの夢

この日の夢の場所は青空がきれいで空気もすがすがしく、あたり一面に花が咲き乱れているところでした。そこで私は魔法使いになっていました。すぐれた魔女になれば勇者のパーティーに参加できるというのです。

私は、活躍する機会が与えられないかと心待ちにしていました。すると、私の前に勇者が現れ、「2024年に重要なことが起きるからそれまで魔法使いとしての技を磨き、力をつけておきなさい」と言いました。

・2016年4月29日。勇者からのリボンのプレゼント

この日の前後に私の家庭でトラブルが生じていました。長男が職場で何度か失敗をしてしまい、仕事内容がきつい部署に配置転換され、かなりのストレスを抱えてしまったのです。家に帰って来て私に当たるしかなく、私も精神的に参ってきました。そんななか夢に勇者があらわれ、私の家に来られてリボンの形をした髪飾りをくれました。何も語ることはしなかったのですが、とても励まされました。

・2016年5月7日。勇者のレシピⅠ

この日の夢の中で、私は突然広野に飛ばされていました。そこは気候が穏やかで暖かく、その日は快晴でとても明るかったのです。

広野から周囲を見渡すと町が見え、お城もありました。私はそこに行ってみることにしました。町では何かの行事があるようで、多くの人たちでにぎわっています。とくに、中心部にあるお城の周りに多くの人々が集まっています。私の耳に入ってきた人々の話の内容から、お城にいる18歳のお姫様の婚約発表が行われるのです。

隣国の王子様との縁談が決まったということでした。会場には町の人たちのために席が用意されていて、すでに多くの人たちが座って待っていました。元気なお姫様はドレス姿で参席者の中を走り回った後に、何故か広野に出て行ってしまいました。

広野に一軒家があり、その家の人たちが中に集まって、楽しそうに歓談していました。

お姫様はその家の屋根に穴をあけました。すると今まで晴れていた空に雲が立ち込め、強い雨が降り出しました。穴の開いた屋根の真下にちょうど女の子がいて、びしょ濡れになってしまい、家の中は大騒ぎになりました。お姫様のいたずらによって生じたこの出来事は、家の人からするとトラブル以外の何物でもありません。しかし、私はその光景を見て、何か映画の一場面の微笑ましいエピソードのように感じました。
その後場面が変わって、広野の一軒家に勇者がお土産を持って訪ねて来られました。そのお土産は三種類のお寿司で、家の人たちみんなでご馳走になりました。私にもふるまわれ、三種類すべていただきました。
勇者はその後、広野にいる敵と戦わなければならないと言い、家を出て行かれましたが、その直前、私はお寿司のレシピを勇者から受け取りました。

〈勇者の作られたお寿司のレシピ〉

お米　　2合
卵　　2個
牛肉　　100g
すし酢　　50cc
焼き肉のたれ　　大さじ2杯
のり　　たんざくになっているもの2枚
つけものの高菜　　50g
ぶたひき肉　　100g
しょうゆ　　大さじ3杯

さとう　大さじ2杯
ゴマ油　少々
つけものの高菜　30g
レタス　2枚
和がらし　少々
マヨネーズ　少々
ゴマ油　少々
白ゴマ　大さじ1杯

作り方

①

a．ご飯は2合炊いておく
b．ご飯が炊けたらすし酢をあえておく
c．卵2個をほぐしてフライパンに流し，春巻きの皮のような形に作る。2枚作る
d．牛肉100gは手で細く裂いておく
e．牛肉は、焼き肉のたれ大さじ2杯をまぶして焼いておく
f．春巻きの皮のようにして作ってある卵をラップの上に敷き、すめしをお茶碗に軽く1杯分載せて平らにならす。

g．牛肉を横に細く並べてラップを丸め、巻きずしにする。２つ作る

②

a．豚ひき肉１００gをしょうゆ大さじ3杯とさとう大さじ2杯ごま油少々でいためる

b．高菜50gは細かくきざんで置いておく

c．たんざく形ののりをまな板に載せて、すめしをのりの幅に合わせて三角形にしておく

d．そのなかに高菜とぶたひき肉を入れて三角形に沿ってくるくるとのりをまいていく2個作る

③

a．すめしに白ごま大さじ1杯と高菜30gをまぜておむすび大に2個にぎっておく

b．レタスをまな板の上に敷いて、作ってあるおむすびを載せ、レタスをまく

c．和がらし、マヨネーズはお好みによって使えるよう横に添えておく

・２０１７年5月21日。勇者のレシピⅡ

この日の夢では、勇者が町の中を歩いていて、私は勇者をまるで父親のごとくに感じていました。私と勇者とは公園で待ち合わせて合流し、一緒に散歩しながら話をしました。

勇者は「私は本当は学者になりたかった」と話していました。公園の中をしばらく歩いたのちに、勇者は空を飛んで私を天国のいろいろな場所に連れて行ってくれました。図書館や遊園

地、郊外の湖や花畑の中など勇者が気に入っているところに行きました。いくつかの場所を飛び回ったのちに、「いま研究中の物を見せてあげよう」といって、白い大きな建物のところに私を連れて行ってくれました。

大学のような雰囲気がしました。なかに入っていくと丸くてコロコロした白いものが二つありました。「いま研究している食べ物だから、食べてみてごらん」という勇者の勧めに従って、その丸いものを口に含んでみると、ぶどう味がしてとても甘かったのです。白くてふわふわしているものが周りについていました。ココナッツパウダーだと思われます。少し大きめのあんこ玉のような食べ物でした。なかに巨峰が一玉丸ごと入っていて、今まで食べたことのあるどんなお菓子よりもおいしく感じました。あまりのおいしさにもう一つ食べようとしたら、勇者が私の隣に来て、とてもうれしそうにニコニコ笑っていました。

今まで私は勇者の夢を数多く見ましたが、いつも難しい顔をしていました。でも、この日はいつもとは全く違っていました。勇者は「どうだ、すごくおいしいだろう」と私に言いました。私がもう一つあんこ玉を食べようとして手を伸ばしたときに目が覚めました。

〈あんこ玉、巨峰味のレシピ〉

あんこ　市販の物で大丈夫だが、水分の少ないものを選ぶ　1袋か1カン
ぶどう　巨峰が一番良いが、他のぶどうでも可　巨峰なら10個、他なら1ふさ

ココナッツパウダー　　　　1袋

作り方

①巨峰の皮をむいて種を取っておく。皮のむき方は実と皮の間につまようじを刺して、時計回りにぐるっと回すと皮が取れる
②まな板にラップを敷いて、その上に手のひらに軽く乗るくらいの量のあんこを載せる
③あんこを少し平らに伸ばした後、その上に巨峰を載せあんこで包み込む
④トレーにココナッツパウダーを敷きつめておく
⑤ココナッツパウダーの上にあんこ玉を転がし、周囲に付ける

・2018年9月15日。勇者とデートの夢

夢の中で私は泣いていました。何があって泣いているのか、よく分かりません。そこに突然勇者が現れて、私を慰めてくださり「デートしよう」と言ってくださったのです。私はさっきまで泣いていたのに、その一言で心の中が熱くなっていました。まるで少女が無くしてしまった宝物を取り戻したように、純粋にうれしく楽しくなっていました。

勇者は夢の世界のいろいろな所へ連れて行ってくれました。遊園地、映画、レストランに行っ

たときは私の好きなピザをごちそうしてくださり、デパートに行って私に似合う服やバッグ、靴などを買ってくださいました。ただ嬉しくてこのままずっと続いてほしいという夢でした。

・２０１９年5月28日。啓示の夢

長い夢を見ていました。いつもと違って何か不思議な感じがしました。

私は友人に誘われて手作りイベントに来ています。会場には大勢の人たちがおり、手作りをした様々なグッズを買っていました。私も思わずお財布をキープしてしまいました。そのお財布の数を思うとき、頭の中で親戚の女の子は何人、親しい友人やお世話になった人にも買うのでいくつ必要かな…、など考えていました。人は何かプレゼントをしたいと思っているときは自分をアピールしたい、自分に注目して欲しいと感じたりします。

手作りのお財布を抱えて、にこにこしていると、突然勇者が現れて、「おごらず、悲観せず、他の為に生きよ」と言われた夢でした。

■勇者の夢の理由

なぜ勇者の夢の話をしたのかというと、この39年間いつも夢にあらわれて、親のような立場に立って私を励ましてくれて、人の生き方はこうなのだということを私に示してくれたからです。

人の心は弱く、どうしても楽な道を選ぼうとします。苦労するのは避けたいし、努力しようとしてもなかなか続きません。さらに、悲しいことや辛いことはできる限り避けたいと思うものです。しかし、苦労することを避け続け、あらゆる努力を放棄したらどのようになるでしょうか。

その人の人間としての成長は望めないでしょう。

悲しいことや辛いことを避けたいと思うのは当然ですが、人生において、そうした困難に全く出会わない人などいません。むしろ困難に直面した経験の多い人ほど、立派な人になっていると言っても過言ではないでしょう。

地上生活は人を愛することのできる人格を磨くためにあります。

人々は霊界のことを知ると、天国に行きたいと思うようになります。しかし、その前に愛をもった人格者として成長していないと、天国に入ることができず、霊界においては天国の待合室にとどまることになります。

地上が天国社会になれば、天国の待合室にいる人たちにも天国に入る門は開かれます。しかし、今地上においては、国家から個人に至るまで争いが絶えません。歴史上とだえることのなかった多くの争いに、決着がつく日は果たしてやってくるのでしょうか。

私がいつも考えている疑問に対し、「宇宙の原則を信じ、人類を愛し一致団結して生きぬきなさい」と夢の中の勇者は答えてくれました。

終　章　霊界に関心を持って毎日を生きてください

・地上で隠していたことがすべて明るみに出る

最近の目覚ましい科学の進歩によって、ＧＰＳシステムが進歩し、地球上すべての建物、道路、さらに人の位置でさえわずか数センチの誤差で把握できるといわれています。このシステムを有効利用することで、私たちの生活は格段に便利になりました。

その反面、今や私たちは他者から「丸見え」の状態に置かれているともいえます。しかし、ここまで科学技術が発達したとしても、人の心の中まで見通すことはできません。

ところが、霊界のＧＰＳは地上では見えない部分まで１００％見えてしまいます。姿かたちだけでなく、心の中までも丸見えの世界です。人が生まれてから地上生活を終えるまでの考えや行動はすべて記録されます。ある人が一生を終えて霊界に行くと、その記録はすべて残っています。さらに、その記録は本人だけでなく周囲にいる人にも一瞬のうちに見えてしまうのです。

その人が行なった良いことや悪いこと、あるいは考えたことも見られますし、本人さえ忘れてしまっていたことさえもすべて出てきます。地上で隠し通していたことがすべて明るみに出てしまうのです。

・霊界をよく知ること

霊界のことを知っているか知らないかで、私たちの地上での生き方は全く違ったものになります。霊界をつかさどっている法則は、地上世界で私たちが関わるところの法律や社会常識とは比べ物にならないくらい厳格で、かつ公平なものです。

すべての人はその法則から逃れることはできません。

地上で財産を築いた人にも、高い地位を手に入れた人にも、貧しい人生を送った人にも、霊界に行くとき、すなわち地上世界での「死」を迎えるときは訪れます。

霊界において、自らもっている長所を存分に発揮できるのなら、その人は天国人となれますが、地上で悪事を尽くし地獄に行った人には、独房に閉じ込められたような日々が続いていくのです。

ですから天国に行くのと地獄に行くのでは、とても大きな差があります。人生の幕を下ろす瞬間には、後悔することなく「よい人生をありがとう」という気持ちをもちたいものです。

霊界は私たちが地上で感じ取る時間の観念が、全く当てはまらない世界です。永遠に続く魂の世界なので、地上世界で私たちが「一生」とよぶ数十年の時間は、霊界ではほんの一瞬にすぎません。ですから、そのような一瞬の地上生活の中で「私こそ一番偉いのだ」「すべての者は私に従え」などと言う人は、救いがたい愚か者です。

では様々な分野において、世界一を目指す行為はどうでしょうか。それは、自身が目標に向かって努力し夢をかなえようとすることですから、尊いことです。ただ自己中心の欲望で人を陥れて地位を得たり、不正を行なって他者を蹴落としてのし上がったりすることは、悪なる行為となります。

・予知について

今や霊界には善なる天使による4億8000万の兵士で構成される軍隊があって、それらが地上に降りて、霊的警告を鳴らし続けています。それで地上の敏感な人には、夢の啓示が与えられたり、不思議な現象に遭遇させられたりします。霊界の軍隊は地上の人々を悪なる勢力から守るために休むことなく活動しています。とくに世界でテロや戦争、殺戮などが起きないように必死になっています。

しかし、2020年代に世界が大きく震撼する出来事があると霊界から伝えられています。そこで善なる霊人たちも地上の善なる人を助けて、大きな混乱が起きるのを事前に防いでいるところです。

では、このような大変な時期に地上で生きる私たちはどのように対処し、どのような心がまえをすべきでしょうか。

私たち一人ひとりは無力に思えます。しかし、心の持ち方で世界は変わっていくのです。「未来に希望を持とう。明るい未来、平和な世界は私たちが作るのだ」という思いを忘れずにいるならば、その思いは心ある善なる代表者に通じるはずです。あなたの強い思いは世界を動かしている人たちにきっと通じるでしょう。

そのように言える理由は、今や霊界が地上界と一体になっているからです。

みなさん私が一番申し上げたいことをお伝えします。霊界のことに関心を持って毎日を生きてください。幸福は私たちのすぐそばにあるのです。

あとがき

霊界を地上の現実問題を通して考察することは困難です。でも、異世界、超現実世界、VR（仮想現実）といった観点から考察を始めてみると、多くの発見がありました。今回の著作では、霊界を理解していくうえで、現実世界から離れた、ファンタジー、アニメ、ゲームなどを通して、私の39年間の夢ときの世界と重ね合わせてみました。こうした試みは初めてのことでもありますので、私の主張したい内容が皆さんに十分伝わったかどうかは、自信がありません。それで、皆様からのご意見ご感想をお寄せいただきたいと思っていますので、よろしくお願いいたします。

なお表紙や本文の素敵なイラストは、武田佳代さんの作品です。この著書のために特別に描いてくださいました。夢で見た世界とぴったりの作品に仕上がりとても嬉しく思います。また、この本の編集出版をしてくださったアートヴィレッジの皆さんに感謝いたします。

最後になりましたが、「202X年・地上に天国は実現する‼」を最後まで読んでくださった皆様に心より感謝申し上げます。

二〇二〇年四月

桜華　澄

著者プロフィール

桜華　澄　（おおか すみ）

東京都生まれ。和洋女子短期大学国文科卒業。
慈恵医大病院に勤める。短歌、俳句を趣味とし同人誌に掲載。
その傍ら短編小説、童話の創作ファンタジーなどの作品を完成。
代表作は日本文芸アカデミーゴールド賞に、
「なぞの王様」「愛を食べるモンスター」の２作品が入選。
１児の母。現在世田谷区在住。
２０１５年５月５日、「霊界学」の本を出しなさいという夢を見て、
それまで霊界の研究をしていた作品を出版。
２０１７年６月 23 日キンドルから電子出版。
「あなたは本当の霊界を知らない」
「異世界を解くと霊界が見えてくる」を一つに再編成。
それが今回の作品です。
その他にもキンドルから「異世界キッズ」
「人の親になりたかった神田じいちゃん」
その他多数。

挿し絵

武田佳代　（たけだ かよ）

2010 年に訪れたハワイ島で自然界の色彩美に魅せられ、癒しをテーマに絵を描き始める。
展示会をはじめ、様々なアーティストとコラボしたライブペイントや子供絵画教室など、兵庫県を中心に活動中。

あなたは本当の霊界を知らない

202X年・地上に天国は実現する!!

2020年5月15日　第1刷発行

著　者　桜華　澄

発　行　アートヴィレッジ

〒657-0846 神戸市灘区岩屋北町3-3-18 六甲ビル4F

TEL 078-806-7230　FAX.078-801-0006

http://art-v.jp

定価はカバーに表示してあります。